KB198436

글쓰기 대통령

강원국의 초등학생 글쓰기

❶ 글쓰기 어렵지 않아요

강원국·서예나 글 문인호 그림

강원국의 초등학생 글쓰기

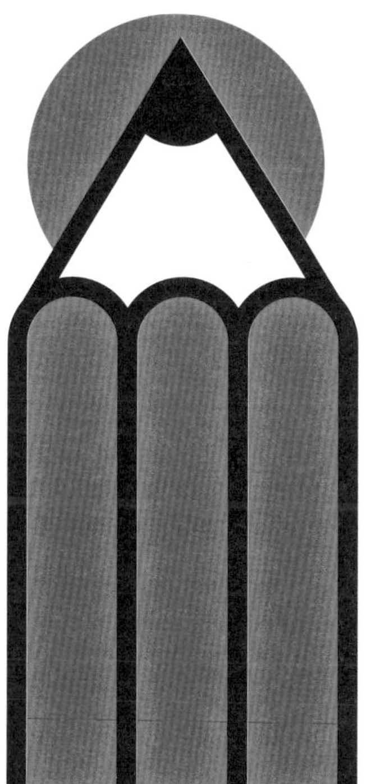

강원국·서예나 글
문인호 그림

메디치주니어

작가의 말

“ 안녕하세요, 여러분!

글쓰기 어렵죠? 원래 글쓰기는 쉽지 않아요. 주변 친구들만 봐도 ‘글을 쓰려니 막막하다.’, ‘뭐라 써야 할지 모르겠다.’ 하고 힘들어해요. 글을 쓰는 건 왜 이렇게 어려울까요? 글을 잘 쓰려면 자기 생각도 있어야 하고, 읽고 들은 것도 많아야 하고, 어휘력과 문장력도 필요하니까요.

그렇지만 글쓰기가 계속 어렵기만 한 건 아니에요. 차를 타고 터널을 지나가 본 적 있죠? 아무리 긴 터널도 언젠가는 끝이 나오잖아요. 글쓰기도 마찬가지예요. 반드시 써지는 순간이 와요. 그 순간이 빨리 올지 늦게 올지는 알 수 없지만, 누구에게나 글이 써지는 때가 온답니다.

글을 쓰다 보면 ‘아, 이렇게 쓰면 되겠구나.’ 하면서 머릿속에 불빛이 환하게 켜지는 순간이 있어요. 그 시간이 온다고 믿고 자료를 찾아보고 쓸거리도 생각하면 돼요. 그때가 언제 오냐고요? 많이 쓰면 와요. 많이 쓰면 익숙해지고, 익숙해지면 잘 쓰게 돼요. 그리고 그 시간을 잘 견디는 사람들은 몇 가지 특징이 있어요.

우선, 자기 안에 쓸거리가 있다고 믿어요. 주변을 기웃거리지 않지요. 어떻게든 자기 안에서 글감을 찾으려 하고, 실제로 찾게 된답니다. 다음으로, 다른 사람의 눈치를 덜 봐요. '내가 이렇게 쓰면 친구들이 비웃지 않을까?'라고 생각하지 않아요. '내가 이런데 어쩔 수 없잖아?' 하는 마음으로 그냥 써요. '나 이런 사람이야.' 하면서 자신을 있는 그대로 보여 줘요.

끝으로, 남에게 글을 보여 주기를 부끄러워하지 않아요. 다른 사람의 지적을 받더라도 '아, 그렇게도 생각할 수 있구나.', '그 친구 말도 맞네.' 하면서 받아들이죠. 그러면서 자신의 글쓰기 실력을 점점 높여 나가요.

자, 그럼 이 세 가지를 마음속에 간직하고 함께 글쓰기 여정을 떠나 볼까요? ”

2024년 12월
강원국

작가의 말

"선생님은 초등학생들에게 글쓰기를 가르치고 있어요. 매해 1월이 되면 새로운 학생들을 만나는데, 글을 쓸 때 항상 선생님의 눈치를 보더라고요.

'이렇게 써도 괜찮을까?'
'내 글이 엉성하면 어쩌지?'
'다른 아이들은 나보다 더 잘 썼나?'
이런저런 생각을 하는 거죠. 그럼 선생님은 이렇게 말해요.
"모든 글이 정답이야. 틀린 글은 없단다."

신기하게도 그 순간부터 팽팽한 고무줄이 풀리듯, 학생들은 긴장을 풀기 시작해요. 글쓰기는 자기의 생각과 느낌을 나타내는 것일 뿐, 맞고 틀린지를 가려내는 게 아니라는 걸 깨닫죠. 그렇게 몇 달 혹은 몇 년이 지나면 학생들의 글쓰기 실력은 훌쩍 자라나 있답니다. 저마다의 개성을 지닌 글을 쓰게 되죠.

글을 쓸 때 가장 중요한 건 '두려워하지 않기'예요. 실수해도 괜찮아요. 누구나 처음에는 그럴 수 있어요. 모두가 실수를 한답니다. 《글쓰기 대통령 강원국의 초등학생 글쓰기》와 함께 자신감을 가져 보세요. '글쓰기의 두려움을 이기는 법', '머릿속의 생각을 글로 옮기는 법', '남과 다른 글을 쓰는 법', '일기 쓰기를 재미있게 하는 법' 등 선생님이 알고 있는 비법을 모두 알려 줄게요. 또 각 장마다 '스스로 해 보기'라는 활동을 소개할 거예요. 이 활동을 통해 글쓰기의 재미를 느끼고, 자신만의 스타일을 찾을 수 있을 거예요. 그러다 언젠가는 마법처럼 글이 술술 잘 써지는 순간도 맞이할 테고요.

정말이냐고요? 물론이에요! 충분히 잘할 수 있어요. 더 나아가 선생님보다 더 훌륭한 글을 쓸 수 있을 거예요. 여러분은 선생님과 다른 장점이 많고, 그 장점들이 여러분의 글을 더 빛나게 해 줄 거니까요. 조금씩 용기를 내 보세요. 그럼 여러분의 생각과 이야기를 담아내는 과정이 점점 즐거워질 거예요. ❞

2024년 12월

서예나

차례

들어가기
글쓰기 상담소

나 요즘 글쓰기가 너무 두려워.
나도 그래. 내가 쓴 글을 누가 읽을까 봐 걱정이야. 비웃음이라도 당하면 어떡하지?
그 기분 이해해. 나도 그런 적 있거든. 그래서 글쓰기 공부를 하고 싶은데 잘 안 돼.

글쓰기 대통령
강원국 선생님이 온다!
글쓰기
상담소
얘들아, 여기 봐!
글쓰기 상담소가 열린대!

좋은 생각이야! 우리 고민이 다 해결되면 좋겠다. 글쓰기의 괴로움이여 사라져라, 뿅!
진짜? 우리도 가 볼까?

선생님이 정말
글쓰기 고민을 해결해 주나요?
글쓰기가 너무 힘들어요.
맞아요.
다른 친구들은 잘 쓰는 것
같은데 왜 저만 어려운 거죠?
자신감이 떨어지는
기분도 들어요.

그런 기분이 드는 건
아주 자연스러운 일이지.
하지만 너희 글은
분명히 소중하고 특별해.
선생님이 이제부터 알려 줄게!
글쓰기
상담소

☆ 처음부터 잘하는 사람은 없어

☆ 두려움을 이기는 나만의 비법

☆ 눈치 보지 마

☆ 자신감 있는 글쓰기

1장

글쓰기는 누구나 어려워

처음부터 잘하는 사람은 없어

해 보면 돼

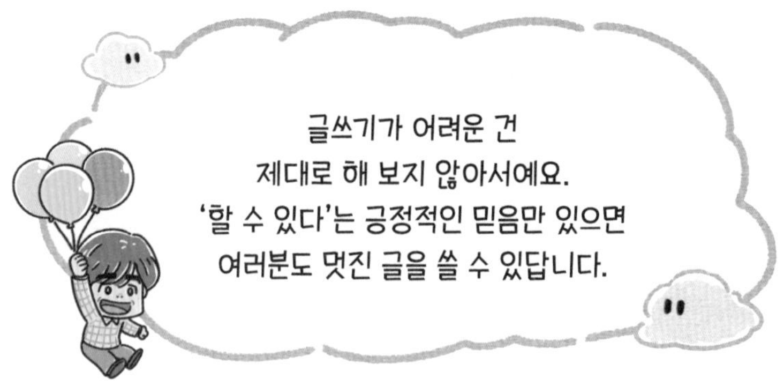

글을 쓰려고 하면 금세 머릿속이 하얘진다고요? 맞아요. 마치 새하얀 종이처럼 머릿속이 텅 비어 버릴 때가 있어요. 그렇게 한참 고민만 하다가는 글을 쓰는 게 더 힘들어질 수도 있지요. 하지만 그건 아주 자연스러운 일이에요. 뭐든 처음이 어려

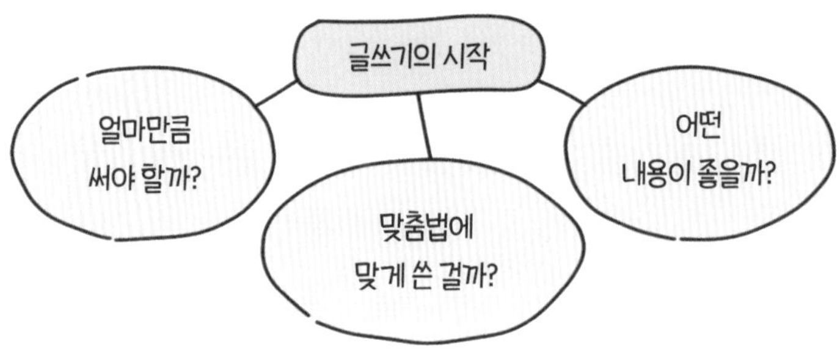

운 법이니까요. 믿기지 않겠지만, 선생님도 처음에는 글쓰기가 어려웠어요. 무엇을 어떻게 써야 할지 전혀 감이 잡히지 않았거든요.

그런데 가만히 생각해 보면 어떤 일을 하든지 언제나 어려움이 뒤따르는 것 같아요. 처음엔 어려웠지만 반복하고 연습하면서 점점 나아졌던 경험이 떠올랐어요. 걸음마 배울 때를 예로 들어 볼게요. 누구나 첫걸음부터 완벽하지 못해요. 사람은 보통 2천 번 정도 넘어진 후에 제대로 걸을 수가 있다고 해요. 넘어지고 일어나기를 반복하면 다리에 근육이 붙거든요. 그렇게 조금씩 걸음걸이가 안정되고 걷는 속도도 빨라져요.

글쓰기도 비슷해요. 연습을 하면 머릿속에 글쓰기 근육이 붙어요. 시작은 서툴러도 계속 쓰다 보면 결국 익숙해진답니다. 뭐든 꾸준히 해 봐야 실력이 늘거든요. 자전거 타기와 수영을 배울 때도 그렇지 않나요? 처음 자전거를 탈 때는 중심을 잡지 못해 수없이 넘어지지만, 연습하다 보면 페달을 잘 구를 수 있게 되죠. 수영도 마찬가지예요. 처음엔 물에 떠 있는 것도 힘들지만, 연습을 통해 헤엄을 잘 칠 수 있게 되는 것처럼요. 글쓰기가 어려운 건 제대로 해 보지 않아서예요. '할 수 있다'는 긍정적인 믿음만 있으면 여러분도 멋진 글을 쓸 수 있답니다. 정말이냐고요? 한번 확인해 볼까요? 프랑스 약사 '에밀 쿠에' 이야기를 들려줄게요.

마법의 주문 '할 수 있다!'

프랑스 어느 마을에 에밀 쿠에라는 약사가 살고 있었어요. 에밀 쿠에는 사람들의 마음을 치료하는 데에도 관심이 많았답니다. 그러던 어느 날, 그는 환자들에게 통증과는 상관없지만 몸에 해가 되지 않는 약을 주며 이렇게 말했답니다.

"매일 자신에게 건강해질 거라고 말하세요."

환자들은 처음에 조금 이상하다고 생각했지만, 에밀 쿠에의 말에 따라 열심히 '나는 건강해질 거야!'라고 외치면서 약을 먹었어요. 그러자 정말 놀라운 일이 일어났어요. 얼마 지나지 않아 실제로 환자들의 병이 나은 거예요.

에밀 쿠에는 '긍정적인 믿음이 몸과 마음에 큰 영향을 미친다'는 것을 알았던 거예요. 이제 여러분도 간단한 말 한마디의 힘이 얼마나 중요한지 알겠죠? '할 수 있다!'는 믿음을 가지고 다음 문장을 따라 해 보세요.

☆ 처음 시작은 누구나 어렵다.

☆ 걸음마를 배울 때도 그렇다.

☆ 글쓰기도 마찬가지다.

☆ 안 써 봐서 어려운 거다.

☆ 글 쓰는 일에 미리 겁먹지 말자.

☆ 아자아자 파이팅!

잘했어요! 주문을 외워 보니 정말 자신감이 차오르지 않나요? 다음 장을 넘겨 보세요. 글쓰기를 잘할 수 있는 비법을 좀 더 알려 줄게요!

두려움을 이기는 나만의 비법

두려워하는 것도 습관이야

처음부터 술술 글을 쓰는 사람은 없을 거예요.
여러 가지를 시도해 보면서
나에게 맞는 글쓰기 방법을 찾아보세요.

막상 글을 쓰려고 하면 뭐부터 써야 할지 생각이 잘 떠오르지 않는다고요? 그건 아주 당연해요. 우리 뇌는 글쓰기를 아주 복잡한 작업으로 여기거든요. 그래서 글쓰기를 최대한 늦게 시작하고 짧게 끝내려고 해요. 마치 등산처럼 말이에요. 산을 오르기 전에는 너무 힘들 것 같아서 망설이고, 산을 오르는 동안에는 빨리 정상에 닿고 싶어 하는 것처럼요.

그럼 이럴 땐 어떻게 해야 할까요?

첫째, 뇌를 살살 달래 가며 글쓰기를 해 보세요. 등산을 시작할 때처럼 천천히 그리고 조금씩 발걸음을 옮기는 거예요. 처음부터 큰 목표를 세우기보다는, 일단 차분히 생각해 보거나 간단한 메모를 해 보세요. 그럼 뇌가 점차 글쓰기에 적응할 수 있어요.

그다음에는 조금 더 큰 도전을 시도해 볼 수 있어요. 짧은 글을 쓰다가 글쓰기가 익숙해지면 긴 글이나 이야기를 써 보는 거예요. 마치 낮은 언덕을 넘다가 점점 높은 산을 오르는 것처럼 말이죠. 그러다 보면 재미가 붙고 더 이상 글쓰기가 어렵게 느껴지지 않을 거예요.

둘째, 뇌에게 상을 주는 거예요. 등산을 마친 뒤에 먹는 밥이 더 맛있듯, 글쓰기를 끝내고 받는 상은 큰 기쁨을 안겨 줘요. 사실 선생님은 원고를 쓰고 나면 항상 막걸리를 한 통씩 마셔요. 막걸리를 입에 넣는 순간, 그동안 열심히 쓴 글이 눈앞에 떠오르면서 '아, 드디어 끝났다!'는 뿌듯함이 느껴진답니다. 그러면서 입안 가득 퍼지는 시원하고 부드러운 막걸리의 맛을 느끼죠. 나에게 '수고했다'는 뜻으로 주는 보상이니 더욱 특별해요.

여러분도 글을 쓰고 나서 스스로에게 상을 주겠다고 약속해 보세요. 그럼 우리 뇌는 글쓰기를 마치면 '맛있는 것을 먹는다.', '즐거운 시간이 주어진다.'라는 기대감으로 열심히 일하게 될 거예요.

참, 한 가지 더 알아야 할 게 있어요. 무엇보다 큰 상은 바로 '내가 쓴 글'이라는 거예요. 글을 다 쓰면 '와, 내가 이렇게 멋진 글을 썼다니!' 하고 뿌듯해지죠. 이때의 경험으로 우리는 또 다른 글을 쓰고 싶어진답니다.

셋째, 자기만의 공간에서 글을 써 보세요. 저는 어렸을 때 다락방에 가는 걸 좋아했어요. 그곳에서 먼지 쌓인 책, 고장 난 장난감 같은 것을 보면 머릿속에 이야깃거리가 마구 떠올랐거든요. 다락방만이 줄 수 있는 분위기가 제 상상력을 자극했던 거예요. 그래서 한동안 글을 쓰거나 뭔가에 집중할 일이 있으면 다락방을 찾았답니다. 누구에게나 자기한테 맞는 공간이 있어요. 어떤 작가는 욕조 안이 편안하다고 말하고, 어떤 작가는 꽉 막힌 관 속에서 글을 썼다고 해요. 저마다 자신에게 맞는 장소를 찾아낸 거예요.

고백하자면 저는 요즘 화장실에서 자주 글을 써요. 오해하지 마세요. 변기에 앉아 있어야 한다는 말이 아니에요. 실은 반신욕을 할 때 글이 잘 써지거든요. 누구에게나 생각이 잘 떠오르는 자기만의 공간이 있어요. 그런 공간을 찾아보세요. 마음이 편안하고 생각이 잘 나는 곳에서 글쓰기를 시도해 보는 것도 좋은 방법이에요.

자, 벌써부터 가슴이 두근거리지 않나요? 어서 연필을 잡아볼까요?

눈치 보지 마

잘 보이고 싶다는 욕심을 버려

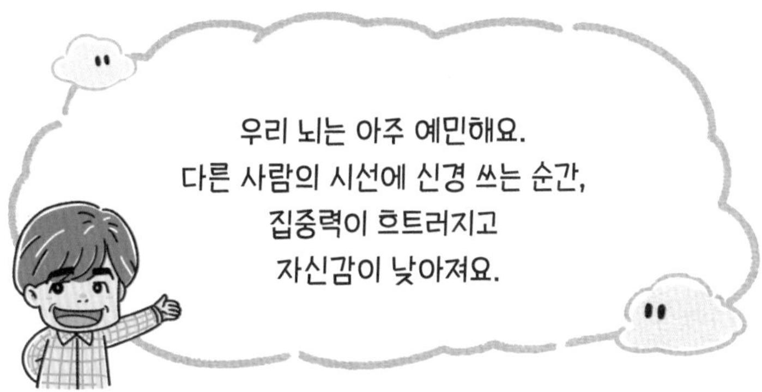

여러분이 글을 쓸 때 무슨 생각을 하는지 맞혀 볼까요?

'이렇게 쓰면 엄마 아빠가 뭐라고 하겠지?'

'이런 내용은 선생님이 싫어하실까?'

'친구들이 이 글을 보고 뭐라고 할까?'

네? 어떻게 그렇게 잘 아냐고요? 선생님도 비슷한 고민을 한 적이 있거든요.

선생님은 오래전에 대통령의 연설과 발표를 준비하고 돕는 일을 했어요. 그때 대통령에게 잘 보여야겠다는 욕심이 있었어요. 그래서 최고로 멋진 글을 쓰려고 노력했죠. 나라를 대표하는 책임자의 수준에 맞게 글을 써야 한다는 생각이었거든요. 100점짜리 글을 쓰기 위해 매일매일 노력했지만, 70점짜리 글밖에 쓰지 못했어요. 그러다 보니 잠도 제대로 못 자고, 글을 쓸 때도 늘 얼어붙어 있었어요. 사람들에게 잘 보이려고 무리하게 애쓰다가 점점 힘들어진 거예요.

그렇게 글을 써 가던 어느 날, 저는 '이대로 지내다가는 몸이 아플 수도 있겠다.'라는 생각이 들었죠. 그래서 일을 그만두겠다는 뜻을 전했어요. 여러 가지 사정으로 끝내 그만두지는 못했지만, 그 후로 마음가짐이 달라졌답니다. 더 이상 그 누구에게도 잘 보이려고 애쓰지 않았고, 글을 잘 써서 칭찬을 받겠다는 욕심도 버렸어요. 내 글이 별로라고 해도 괴롭지 않았지요. 그러니까 오히려 글이 자연스럽게 잘 써지더라고요. 나만의 방식으로 글을 잘 쓸 수 있다는 걸 깨닫게 된 거지요.

'누구에게 잘 보이고 싶다'는 생각은 글쓰기에 도움이 되지 않아요.

글을 쓸 때 미리 겁을 먹으면 자신감이 저 멀리 달아나 버린답니다. 그럼 머릿속이 얼어붙어서 한 줄도 써 내려가지 못하고, 그저 썼다 지웠다만 반복할 뿐이죠.

글을 쓸 때는 한 가지 생각만 하세요. '내가 하고 싶은 말이 뭐지?' 내가 하려는 말에 집중하면 글을 쓰는 게 절대 어렵지 않아요. 마치 친구에게 이야기를 하듯이, 마음속에 있는 말을 꺼내면 돼요.

그리고 마법의 주문 '할 수 있다!'를 외쳐 보세요. 스스로 글을 쓸 수 있다고 생각해야 글이 써진답니다. 걱정을 내려놓고 내가 하고 싶은 말을 마음껏 써 보는 거예요!

글쓰기에 방해가 되는 생각

1. 누가 내 글을 읽을까?

다른 사람의 반응을 지나치게 걱정하기

2. 나는 글쓰기에 재능이 없어.

자신을 부정적으로 바라보기

3. 내가 쓴 글은 별로일 거야.

글쓰기 전부터 괜한 걱정하기

4. 글을 쓸 시간이 없어.

핑계 대고 글쓰기 미루기

5. 글쓰기는 분명 실패할 거야.

실패에 대한 두려움 갖기

자신감 있는 글쓰기

습관의 힘

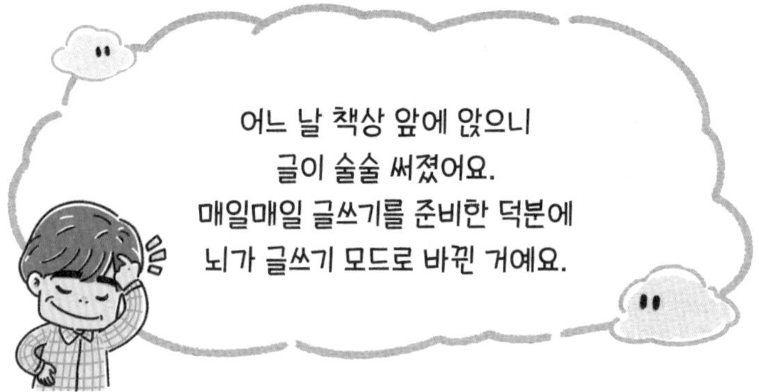

저는 청와대에서 일하며 두 분의 대통령을 모셨어요. 일을 그만두고 나왔을 때, 친구들에게 이런 질문을 받았죠.

"대통령은 하루를 어떻게 보내셔?"

"대통령은 어떤 책을 읽으시니?"

"연설문은 어떻게 쓰는 거야?"

물음에 하나하나 답하다 보니, 제 경험을 토대로 책을 써야

겠다는 마음이 들더라고요. '사람들이 궁금해 하는 이야기를 모아 글을 써 볼까?', '그래, 쓰기만 하면 돼!' 하지만 하루 이틀이 지나고, 열흘이 지나도록 글은 써지지 않았답니다. 그래도 저는 매일 아침 커피를 마신 후 책상 앞에 앉았어요. 글을 쓰겠다는 결심은 흔들리지 않았죠.

그러던 어느 날이었어요. 어김없이 책상 앞에 앉았는데, 희한하게도 글이 술술 써지더라고요. 마치 글 귀신이 들어온 것처럼 말이죠. 그 짜릿했던 순간을 아직도 잊을 수가 없어요. 돌이켜 보면 그건 습관의 힘이었어요! 글이 안 써지는 동안에도 매일 책상 앞에 앉아 있으면서 뇌에게 글쓰기에 대한 신호를 계속 보냈던 것이죠. 그렇게 저는 처음 글을 쓰기로 마음먹고 20일이 지난 후에야 본격적으로 글을 쓸 수 있었어요. 아이디어가 모이고 모여서 '무엇을 어떻게 써야 할지'가 떠오르기 시작했거든요.

습관은 강력한 힘을 발휘해요. 글쓰기의 방해물마저도 항복시킬 정도로요. 글이 잘 써지지 않는다고 쉽게 포기하지 마세요. 습관을 기르는 데 대개 20일 정도가 걸린다고 해요. 글쓰기를 잘하고 싶다면 눈 딱 감고 이렇게 따라 해 보세요. 3주 동안만 같은 시간과 장소에서 글쓰기를 되풀이하기! 그럼 뇌가 '글쓰기 모드'로 바뀌어서 글을 쓰는 게 훨씬 더 수월해질 거예요.

그렇게 또 60일이 지나면 완전히 습관으로 굳어지게 된답니다. 그때부터 습관대로 하지 않으면 뭔가 찝찝하고 불편한 느낌이 들어요. 샤워하지 않은 것처럼 말이죠.

'이제부터 수학 공부를 열심히 해야지!'
'내일부터 일찍 일어날 거야.'
'새해부터는 매일 운동할 거야.'

이런 결심들도 습관의 힘으로 충분히 이루어 낼 수 있어요. 선생님은 20일이 걸렸지만, 여러분은 더 빠르게 해낼 수도 있지요. 습관의 힘을 믿고 꾸준히 실천해 보세요!

나만의 글쓰기 실천 계획서

1. 매일 글쓰기 목표 시간

☐ 10분 ☐ 20분 ☐ 30분

2. 무엇을 쓸까? 예) 하루 중 가장 재미있었던 일

3. 어디서 쓸까? 예) 나만의 글쓰기 공간

4. 목표 달성 후 보상 예) 좋아하는 간식 먹기, 재미있는 만화책 보기

5. 나의 글쓰기 다짐 예) 오늘부터 매일 글쓰기를 연습할 거야!

☆ 글이 어렵다면 먼저 말로 해 보자

☆ 시작이 반, 한 줄만 써 보자

☆ 열 줄도 쓸 수 있어!

2장

아직도 막막해? 일단 말로 시작해봐

이제 뭔가 쓸 수 있을 것 같긴 한데,
머릿속이 복잡해서 글로 옮기기가 어려워.
어떤 단어를 써야 할지, 어떻게 시작할지
생각들이 엉켜 있는 느낌이야.

글이 어렵다면 먼저 말로 해 보자

쓰기와 말하기는 비슷해

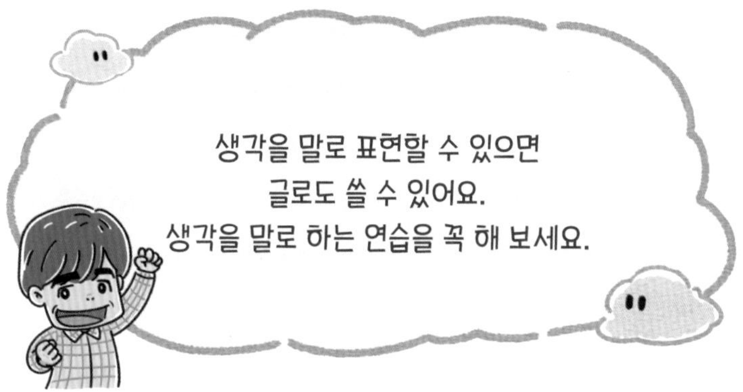

이제 좀 글을 쓸 수 있을 것 같긴 한데, 아직 뭔가 엉킨 느낌이라고요?

'어떻게 시작해야 하지?'

'무엇을 써야 할지 여전히 막막해.'

'생각이 날 것도 같은데…….'

맞아요. 머릿속에 떠오르는 생각을 글로 옮기는 건 쉽지 않아요. 그럴 땐 '말 버튼'을 눌러 보세요! 희한하게도 소리 내 말하다 보면 생각이 정리되어 글쓰기가 훨씬 쉬워진답니다. 이건 선생님이 일하며 모셨던 대통령도 자주 사용하던 방법이에요. 네? 더 자세히 알고 싶다고요? 자, 그럼 말 버튼을 효과적으로 활용하기 위한 몇 가지 방법을 소개할게요.

첫 번째로 일단 머릿속에서 떠오르는 생각들을 소리 내 말해 보세요.

"어떤 주제를 다루면 좋을까?"

"강아지에 관한 이야기?"

"맛있게 먹었던 음식?"

"내가 좋아하는 운동?"

이렇게 스스로 질문하고 답하다 보면 어떤 주제로 글을 쓸지 정할 수 있어요. 말하기는 머릿속에 흐릿했던 생각을 뚜렷하게 만드는 데 도움을 주거든요.

두 번째로 '강아지에 관한 이야기'를 쓰고 싶어졌다면 그와 관련된 생각을 다시 소리 내 말해 보세요.

"강아지는 어떤 동물일까?"

"강아지를 키우기 위해서는 무엇이 필요할까?"

"강아지는 왜 사람과 함께 살게 되었을까?"

"강아지와 함께 살면 좋은 점은 무엇일까?"

이제 우리는 '어떤 글을 쓸지', '어떤 내용을 담을지'를 정할 수 있어요. 또 한편으로는 '글을 어떻게 시작할지', '이야기를 어떻게 펼쳐 나갈지' 등의 생각도 자연스럽게 떠오를 거예요. 아래의 글처럼 말이죠.

강아지는 사람들에게 사랑받는 동물이에요. 그래서 오늘은 강아지가 어떤 동물인지, 강아지를 키우려면 무엇이 필요한지, 강아지가 언제부터 사람과 함께 살게 되었는지, 강아지와 함께 살면 어떤 점이 좋은지를 알아볼 거예요.

생각을 말로 표현하면 글쓰기가 훨씬 수월해져요. 말하다 보면 점점 살이 붙고, 좋은 표현이 더해지기 마련이거든요. 그러니 생각을 말로 하는 연습을 꼭 해 보세요.

그리고 한 가지 중요한 팁! 글을 쓸 때는 독자를 상상해 보는 것도 굉장히 중요해요.

저는 글을 쓰기 전, 이 글을 읽을 사람을 구체적으로 상상해 봐요. 3학년 1반 김지우, 4학년 1반 담임 선생님 같은 방식이지요. 누가 내 글을 읽을 것인지를 상상하면, 그 사람의 눈높이에 맞는 내용을 선택할 수 있거든요.

3학년 1반 김지우를 상상했을 때: 지우가 궁금해 할 만한 내용, 재미있어 할 만한 사건을 생각해요. 예를 들어 강아지의 귀여운 행동이나 개인기 등을 소개하는 거죠.

4학년 1반 담임 선생님을 상상했을 때: 선생님은 학습에 도움이 되는 정보와 지식에 관심이 많아요. 따라서 강아지 품종이나 함께 생활할 때 주의할 점 등을 소개하려고 해요.

여러분이 쓴 글을 누가 읽으면 좋을지 한번 상상해 보세요. 어떤 문장이나 정보를 활용할지가 잘 떠오른답니다. 그럼 글을 훨씬 더 조리 있게 쓸 수 있어요.

☆ '강아지' 하면 떠오르는 질문과 생각을 말로 해 보세요. 그리고 그것을 글로 옮겨 보세요.

1. 강아지는 어떤 동물일까?

#귀여움 #사람과 친함

2. 강아지를 키우기 위해서는 무엇이 필요할까?

#먹이 #산책

3. 강아지는 왜 사람과 함께 살게 되었을까?

#사냥 #먹이 #집

4. 강아지와 함께 살면 좋은 점은 무엇일까?

#심심할 때 #외로울 때

시작이 반, 한 줄만 써 보자

생각 떠올리기

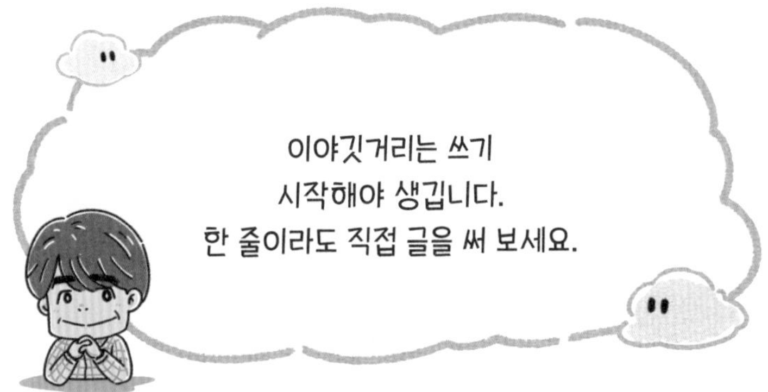

여러분은 마시멜로를 좋아하나요? 갑자기 웬 마시멜로냐고요? 하하하, 끝까지 들어 보세요.

예전에 미국에서 '마시멜로 챌린지'라는 재미있는 게임을 진행했어요. 4명이 한 조가 되어 스파게티 면, 실, 테이프를 사용해 주어진 시간 내에 마시멜로 탑을 높게 쌓아야 했죠. 마시멜로를 탑의 맨 윗부분에 놓아야 했기에 무너지지 않도록 탑을 쌓는 게 쉽지 않았어요. 그런데 말이죠. 이 게임에서 어느 팀이 가장 높은 점수를 받았을까요?

① 유치원생 ② 명문대 학생

③ 변호사 ④ 기업 최고 경영자

놀라지 마세요! 바로 유치원생 팀이었어요. 그 이유가 뭘까요? 다른 팀은 게임을 이끌 주장을 정한 다음, 마시멜로 탑의 구조를 설계하고 계획을 짜는 데 많은 시간을 썼어요. 특히 꼴찌 팀은 완벽한 방법을 짜려고 하다가 시간을 허비했지요. 이와 다르게 유치원생 팀은 호기심을 가지고 곧바로 탑을 쌓기 시작했어요. 그 과정에서 여러 방법을 시도하고 수정해 나갔던 거죠! 유치원생들은 새로운 일에 도전하는 것을 두려워하지 않고, 실패를 바탕으로 더 나은 방법을 찾아낸 거예요.

자, 마시멜로 이야기를 왜 꺼냈는지 이제 눈치챘나요? 맞아요. 글쓰기를 할 때도 일단 뭐라도 써 보는 게 중요해요. '시작이 반이다.'라는 말이 있잖아요? 뭐라도 써 놓으면 글쓰기가 훨씬 쉬워져요. 이야깃거리는 쓰기 시작해야 생기거든요. 머리로 생각하는 건 눈에 보이지 않아 발전시키기 어려워요. 하지만 손으로 쓴 글은 눈에 보이고 새로운 생각을 떠오르게 해요.

글을 쓸까 말까 고민하다 보면 글쓰기가 점점 더 힘들어질 수 있어요. 그러니 반드시 뭔가를 써 놓으세요.

첫 문장은 마법과 같은 힘이 있어요. '학교에서 재미있는 일이 있었다.'라는 첫 문장을 썼다고 해 보세요. 그 순간 머릿속에는 다양한 생각이 펼쳐진답니다.

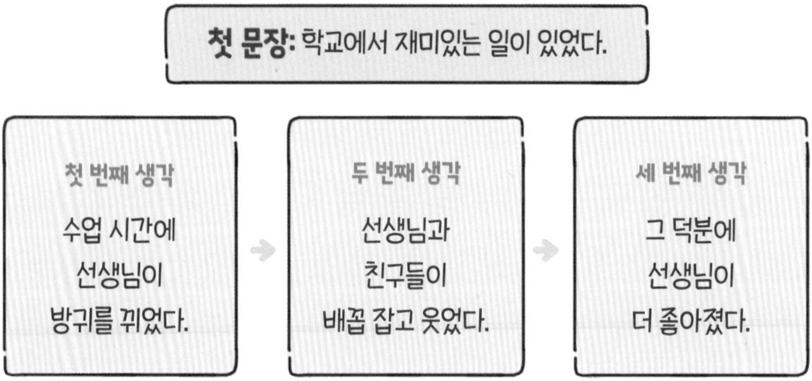

첫 문장: 학교에서 재미있는 일이 있었다.

첫 번째 생각
수업 시간에 선생님이 방귀를 뀌었다.

→

두 번째 생각
선생님과 친구들이 배꼽 잡고 웃었다.

→

세 번째 생각
그 덕분에 선생님이 더 좋아졌다.

어때요? 첫 문장의 힘이 정말 대단하죠? 이처럼 첫 문장을 쓰면 다음 글이 자연스럽게 이어져요. 머릿속에 있는 하나의 생각이 또 다른 생각을 데리고 오거든요. 글쓰기가 어렵게 느껴지는 건 첫 문장부터 완벽하게 쓰려고 하기 때문이에요. 일단 시작하는 게 가장 중요하답니다.

그래도 첫 줄이 써지지 않는다면, 잠시 눈을 감고 편안하게 심호흡하는 것도 아주 좋은 방법이에요. 뇌는 마음이 편안한 상태에서 잘 작동하거든요. 그러니 생각이 떠오르지 않을 땐 의자에 앉아 코로 깊게 숨을 들이마시고 내쉬면서 마음을 가라앉혀 보세요. 어느 순간 '이제 글을 쓸 준비가 됐다!'는 느낌이 온답니다.

☆ 첫 문장 쓰기를 통해 글을 완성해 보세요.

첫 문장: 떡볶이가 먹고 싶다.

1. 첫 문장을 보고, 머릿속에 가장 먼저 떠오르는 생각을 적어 보세요.

예) 떡볶이는 매콤달콤하다.

2. 떠오르는 생각을 더 자세히 설명해 보세요.

예) 떡볶이에는 고추장과 설탕이 들어가 있다.

3. 떠오르는 생각의 이유를 써 보세요.

예) 떡볶이는 매콤해서 먹으면 스트레스가 풀린다.

4. 자신만의 경험이나 생각을 바탕으로 글을 써 보세요. 첫 문장에서 떠오르는 생각을 자연스럽게 이어 가는 것이 중요하답니다.

예) 월요일은 학교에 가는 날이다.

열 줄도 쓸 수 있어!

마인드맵 활용하기

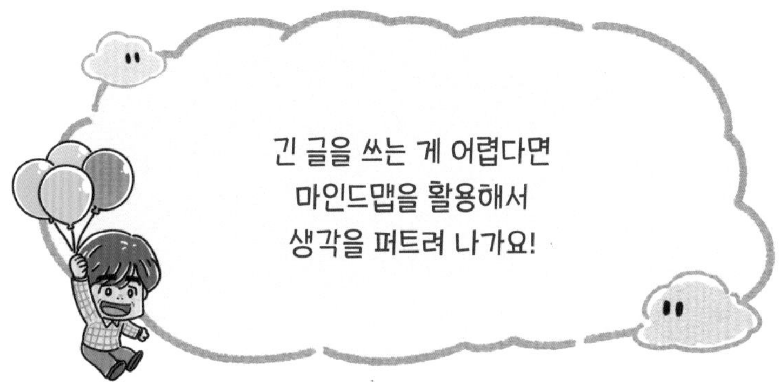

첫 문장을 시작으로 다섯 문장까지는 적었는데, 더 이상 글을 쓰지 못하겠다고요? 어떻게 이야기를 이어 나갈지 모르겠다고요? 선생님도 비슷한 경험을 한 적이 있어요. 그때 저는 이 문제를 어떻게 해결할지 곰곰이 생각해 보았답니다. 그리고 문득 한 가지 방법이 떠올랐어요.

십자말풀이가 머릿속에 그려진 거예요. 십자말풀이는 바둑판 같은 칸이 있고, 그 빈칸에 들어갈 낱말을 채워 넣는 게임이죠. 사람들은 이때 빈칸을 어떤 식으로 채워 넣을까요? 맨 첫 줄부터요? 아마도 처음에는 그러려고 할 거예요. 하지만 단어가 떠오르지 않을 땐 그 아랫부분 아니면 그 옆으로 넘어가겠죠?

그렇게 하나씩 채우다 보면 어느새 십자말풀이가 완성돼요. 글쓰기도 이와 비슷하게 접근해 볼 수 있어요. 마인드맵을 활용하는 거예요.

마인드맵 중심에 큰 주제를 적고, 그 주제에서 떠오르는 생각들을 선으로 연결하며 퍼트려 나가는 거죠. 마인드맵을 그리다 보면 빈칸을 채워 나가듯 처음에는 생각하지 못했던 아이디어도 발견하게 될 거예요. 주제와 관련된 이런저런 생각을 늘어놓다가 예상치 못한 새로운 아이디어가 떠오를 수 있거든요. 그게 바로 문장과 문장을 연결하는 중요한 역할을 하게 되고요.

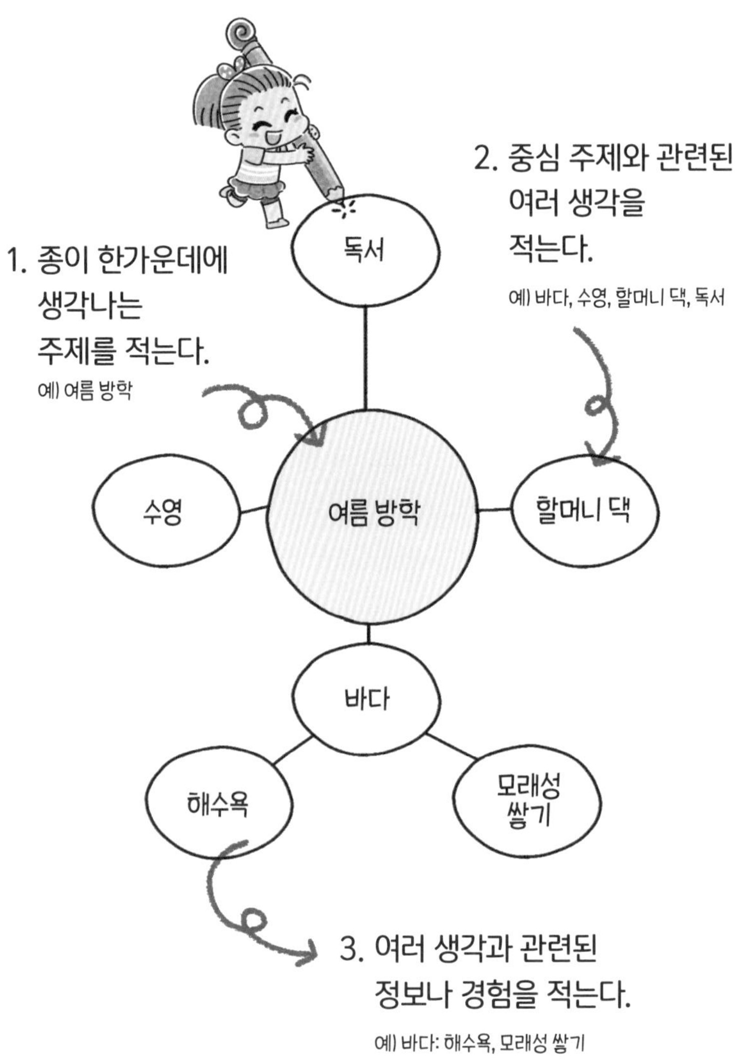

이렇게 마인드맵을 활용하면 생각이 꼬리에 꼬리를 물고 쏟아지게 된답니다.

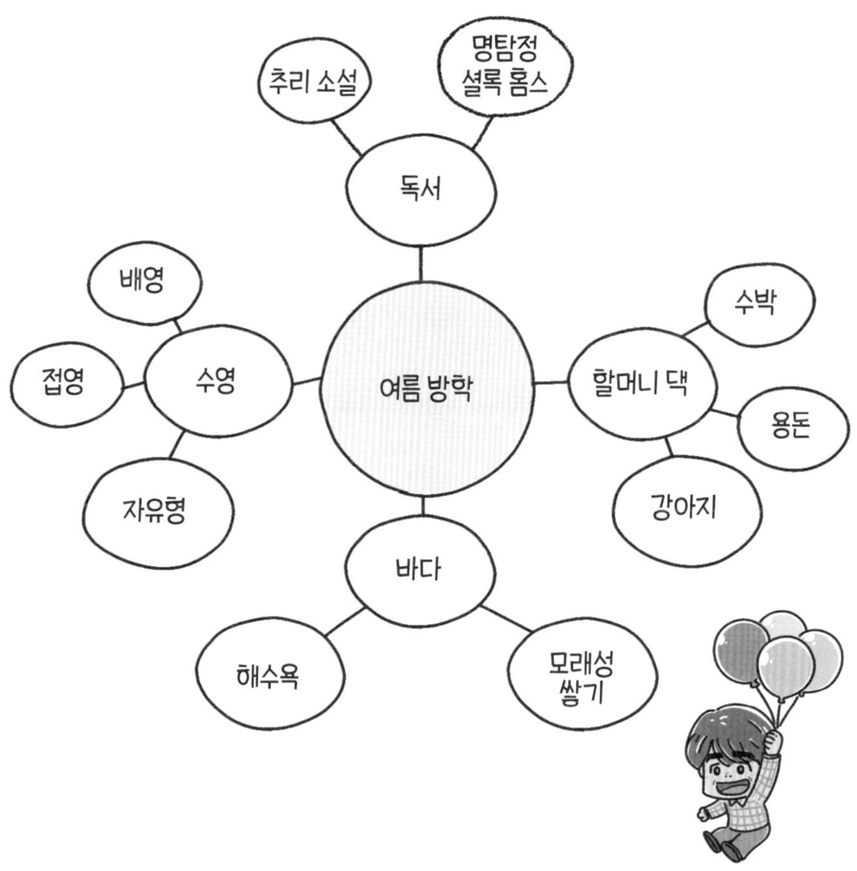

하나의 주제에 여러 생각들이 자연스럽게 연결되면서 각 문장이 어떻게 이어질지 예상할 수 있어요.

나는 이번 여름 방학을 알차게 보내기 위해 멋진 계획을 세웠다.

방학이 시작되면 가족과 함께 바다로 떠나기로 했다. 바다에서 해수욕을 즐기고, 모래성 쌓기도 할 거다. 또 수영을 배울 건데 자유형, 배영, 접영 등을 실컷 연습하면서 여름을 마음껏 즐길 예정이다.

다음에는 시골에 있는 할머니 댁으로 갈 계획이다. 할머니는 항상 시원한 수박과 용돈을 아낌없이 주신다. 그리고 강아지 코코는 할머니보다 더 반갑게 우리를 맞이해 준다.

방학 하면 빠질 수 없는 건 뭐니 뭐니 해도 독서다. 특히 나는 추리 소설을 가장 좋아하는데, 스릴 넘치는 이야기를 읽으면 더위를 잊을 수 있기 때문이다. 이번 방학에는 명탐정 셜록 홈스의 이야기를 꼭 읽어 봐야겠다.

보세요. 마인드맵만 활용했을 뿐인데 글이 쉽게 완성되었죠? 긴 글을 쓰기 막막하다면 마인드맵을 활용해 볼 것! 훨씬 효과적인 방법이랍니다.

☆ 생일, 게임, 꿈, 방학, 가족, 외계인, 명절, 좋아하는 음식 등등 가장 쓰고 싶은 주제로 마인드맵을 채워 보세요.

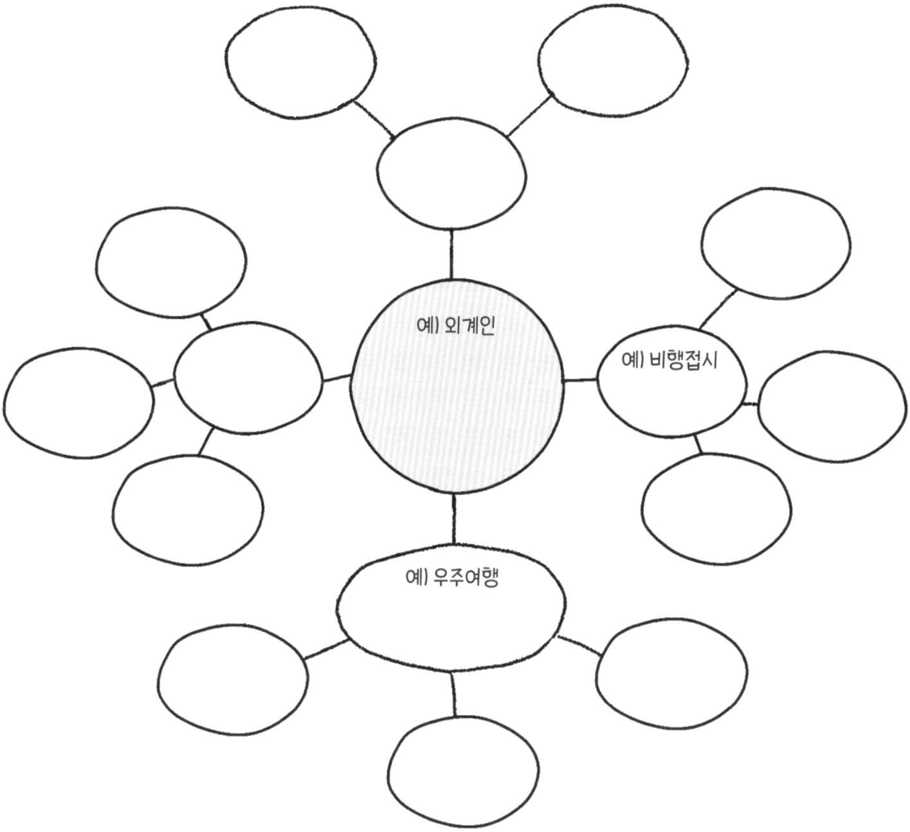

예) 외계인

예) 비행접시

예) 우주여행

이런 식으로도
글을 쓸 수 있다니
생각보다 쉽네요!

☆ 나다운 글이 가장 잘 쓴 글이야

☆ 재미있는 글감 찾는 법

3장

세상에 하나밖에 없는 너

나다운 글이 가장 잘 쓴 글이야

다른 글과 비교하지 마

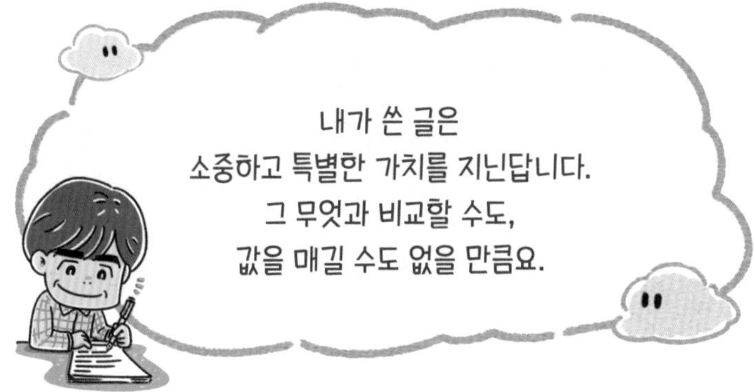

'내 글이 다른 친구들의 글처럼 멋지지 않아 속상해.'

'왜 나는 글을 재미있게 쓰지 못할까?'

'나만 글 쓰는 게 이렇게 힘든가?'

가끔 내 글이 초라하게 느껴져 속상하죠? 그래서 글쓰기가 싫어지고 아예 손을 놓고 싶을 때도 있을 거예요. 그건 자신의 글을 남의 것과 비교했기 때문이에요. 처음엔 정말 멋진 글이라고 생각했는데, 다른 글을 본 순간 내 글에서 부족한 점을 발견하게 되는 거죠. 고백하자면 선생님도 가끔 그럴 때가 있어요. 하지만 그런 비교는 글쓰기에 아무런 도움이 되지 않다는 걸 되새긴답니다.

중요한 건 자기만의 개성과 스타일을 찾는 거예요. 다른 사람과 비교하는 것보다 자신이 느낀 감정과 생각을 솔직하게 표현하는 것이 훨씬 더 의미 있어요.

앞서 말했듯이 선생님은 예전에 대통령과의 이야기를 담은 글을 책으로 낸 적 있어요. 대통령으로부터 배운 글쓰기 방법과 청와대에서 직접 보고 들은 다양한 이야기 등을 엮어 냈지요. 사실 책을 쓸 때 다른 책보다 더 뛰어나다거나 특별할 것이라는 기대는 하지 않았어요. 솔직히 말하자면 '나보다 훌륭한 작가가 세상에 얼마나 많은데, 내 책이 많이 팔리겠어?'라는 불안감도 들었고요.

그럼에도 불구하고 대통령 곁에서 일하며 얻은 교훈과 감동을 함께 나누고 싶었어요. 8년 동안 겪은 저의 경험이 다른 사람에게도 도움이 되길 바라는 마음이 컸거든요. 제가 책을 내기로 결심한 가장 큰 이유예요.

그런데 말이에요. 놀랍게도 이 책은 나오자마자 베스트셀러에 올랐어요! 어떻게 인기를 얻을 수 있었던 걸까요?

그건 바로 책에 담긴 내용이 그동안 알려지지 않았던 이야기이자, 선생님만이 겪은 독특한 경험이었기 때문이에요. 다른 사람들은 잘 알지 못하는 대통령의 글쓰기 비법과 청와대에서 겪었던 생생한 일들을 직접 들려주니, 많은 사람들이 흥미를 느꼈던 것 같아요. 그래서 이 책에 대한 관심도 높아졌던 게 아닐까요.

여러분들도 자신이 겪은 경험을 나만의 목소리로 써 보세요. 사람은 누구나 개성을 가지고 있잖아요? 똑같은 사람은 아무도 없어요. 마찬가지로 여러분만의 경험을 담은 글도 하나밖에 없겠죠. 그래서 더 특별한 가치를 지니게 된답니다.

한정판 제품을 떠올려 보세요. 제품의 인기가 폭발적이라 몇 시간 내내 줄을 서도 살 수 있을까 말까예요. 그렇다면 한정

판은 왜 인기가 많고 가격이 비쌀까요? 팔 수 있는 상품의 수가 정해져 있기 때문이에요. 그래서 사람들은 비싼 값을 주고서라도 한정판을 사려고 해요. 상품의 수가 적을수록 더 귀하게 여겨지거든요. "이건 우리나라에 몇 개 없는 제품이야! 꼭 사야 해!" 이렇게요.

내가 쓴 글은 한정판보다 훨씬 소중하고 특별한 가치를 지니고 있어요. 나는 세상에 단 하나뿐이잖아요? 나랑 똑같이 생긴 사람은 없어요. 나처럼 생각하고, 느끼고, 행동하는 사람도 없지요. 그래서 무엇과 비교하지 못할 만큼 소중해요.

내 글을 남과 비교하지 마세요. 나만의 생각과 감정이 담긴 글을 써 보세요. 그게 바로 '세상에 단 하나뿐인 글', '값을 매길 수 없을 만큼 소중한 글'이니까요.

재미있는 글감 찾는 법

나의 경험 되돌아보기

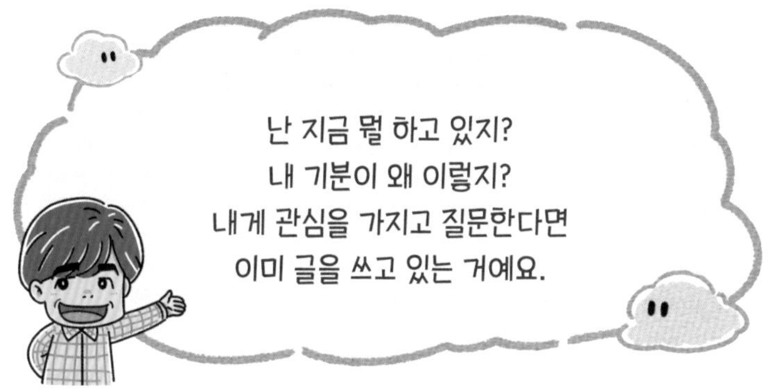

재미있는 글감이 번쩍 떠오르지 않는다고요? 사실 그래요. 단번에 글감이 떠오르는 경우는 어쩌다 한 번 있는 일이랍니다. 재미있는 글감을 찾으려면 머리를 굴리고 또 굴려야 해요. 그렇다고 너무 어렵게 생각하지 마세요. 글감은 여러분의 머릿속에 이미 들어와 있으니 잘 찾기만 하면 돼요.

글감을 어떻게 찾느냐고요? 아주 간단해요. 그 해답은 바로 '질문'이에요.

세 살 정도의 아이들이 평소에 무슨 말을 가장 많이 하는지 아세요? 첫 번째가 '엄마!'이고, 두 번째가 '왜?'랍니다. 어린아이들은 호기심이 가득해서 궁금한 게 너무 많아요.

그래서 매일매일 엄청난 양의 질문을 던져요. "왜 하늘은 파랗지?", "꽃은 왜 이렇게 생겼어?", "강아지는 왜 말을 못 하는 거야?" 등등 말이죠. 그러다 점점 시간이 흐르면서 질문을 줄여 나가요. '왜?'라는 말보다는 '이렇게 되겠지.'라고 짐작하는 경우가 더 많아지고, 그럴수록 글쓰기가 어려워지는 것이죠.

글쓰기는 결국 호기심과 질문에서 시작돼요. 재미있는 이야기나 새로운 생각은 언제나 '왜'라는 질문에서 출발하거든요. 예를 들어 볼게요.

1. 찻잔은 왜 이렇게 생겼을까?

▶ 이 질문을 던지면 찻잔의 모양에 대해 조사할 수 있어요.

찻잔의 둥근 손잡이는 뜨거운 차를 마실 때 손이 데지 않도록 해 줘요. 또 찻잔의 두꺼운 벽은 찻물의 온도를 유지하는 데 도움이 돼요. 그래서 차를 더 오랜 시간 따뜻하게 마실 수 있어요.

2. 하늘을 나는 게 정말 재미있을까?

▶ 이 질문을 던지면 자연스럽게 하늘을 나는 주인공의 이야기를 상상하게 돼요.

하늘을 날고 싶어 하는 소년이 있었어요. 그 소년은 은하수를 쳐다보면서 매일 소원을 빌었어요. 그러던 어느 날, 소년은 우연히 하늘을 나는 신발을 발견하게 되었죠.

끊임없이 스스로에게 '왜', '어떻게'라는 질문을 던져 보세요. 답을 찾아가는 과정에서 글감을 발견하는 데 큰 도움을 얻을 수 있어요.

'누구에게 무슨 말을 하고 싶은지?'
'내가 관심 있는 것이 무엇인지?'
'내가 무엇을 왜 하고 싶은지?'
'그때의 감정이 어땠는지?'

질문의 힘을 이용해 글감을 찾아보세요! 재미있는 글감을 발견하는 최고의 방법이랍니다.

재미있는 글감 찾기 4단계

1단계

주제 정하기

자신이 관심 있는 것이나 주변에 일어난 일 등을 떠올려 보기

2단계

질문 만들기

특정 주제에 대해 다양한 질문을 만들어 보기

3단계

답 생각하기

질문에 대한 답을 생각해 보고 정리하기
마인드맵이나 메모장 등을 활용!

4단계

글쓰기

2단계와 3단계를 바탕으로 글쓰기

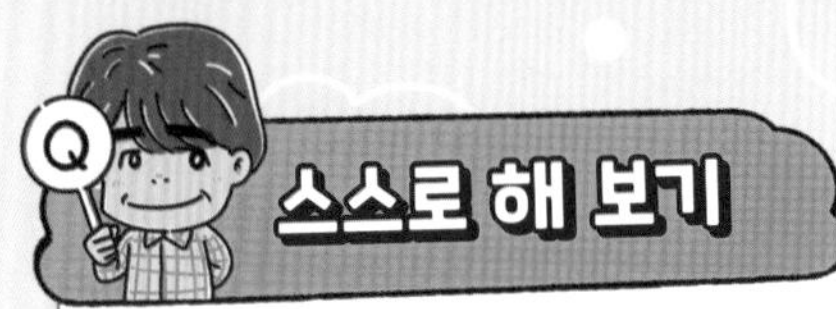

✩ 주제를 정하고 질문과 답을 써 보세요.

1. 주제 정하기

예) 친구와 싸운 이야기

2. 질문 만들기

예) 왜 싸웠을까?, 그때 기분이 어땠지?, 어떻게 해결했나?

①

②

③

3. 답 생각하기

예) 웃기려 한 말에 친구가 상처를 받아서 싸움이 시작되었다.

①

②

③

4. 일상에서 겪은 일 가운데 가장 인상 깊었던 경험 쓰기

시작 글의 주제 소개하기

중간 질문과 답

마지막 생각과 느낀 점

예) 친구에게 진심으로 사과했다. 그 후 우리는 더 단단한 관계가 되었다. 나는 이 일을 통해 서로를 이해하는 것이 얼마나 중요한지 깨달았다. 앞으로도 이런 상황이 오면 피하지 않고 문제를 해결해 보겠다.

☆ 평범하지 않은 날은 없어

☆ 일기는 용기야. 무조건 나답게

☆ 짜증 났다, 헐, 대박은 금지!

☆ 세상에 하나밖에 없는 이야기

4장

너의 생각도 특별해

평범하지 않은 날은 없어

작은 일들도 추억이 돼

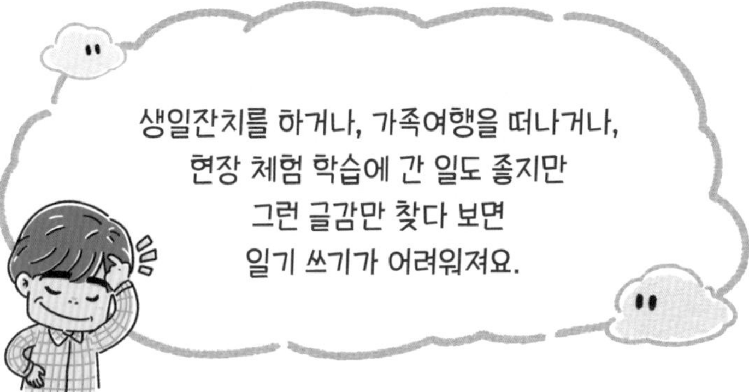

어느 날 한 친구가 저에게 이런 고민을 털어놓았어요.

> 선생님 저는 하루하루가 매번 똑같아요. 학교에 가서 친구들과 놀고, 학원에 갔다가 집으로 돌아오죠.
>
> 그래서 매일 새로운 일기를 쓰는 게 너무 어려워요. 일기를 억지로 지어낼 수도 없잖아요.

맞아요. 일기를 거짓으로 지어낼 수는 없어요. 일기는 그날 자신이 겪은 일과 감정을 솔직하게 담아내는 것이거든요. 그렇다고 해서 반드시 특별한 사건이나 자랑거리를 써야만 하는 것도 아니랍니다. 일기는 쓰기 나름이에요!

일기 쓰기가 고민이 될 때는 선생님이 알려 준 것을 큰 소리로 말해 보세요.

나는 세상에서 하나뿐인 특별한 사람이다! 내가 특별하다고 생각하면 정말 모든 순간이 특별해져요. 그럼 아침에 눈을 뜨는 일마저도 남다르게 느껴질 거예요. 그때 그날의 기분을 일기로 적는다면, 이렇게 쓸 수 있겠죠?

오늘 아침은 왠지 마음이 설렜다. 새로운 하루가 시작됐다는 생각이 들어서였다.

일어나자마자 창문을 열었는데 상쾌한 공기가 들어왔다. 햇볕도 쨍쨍하게 내리쬐었다. 기분이 좋아 가슴이 살짝 두근거렸다.

학교 가는 길에 참새 한 마리가 나뭇가지에 앉아 지저귀고 있었다. 마치 "안녕! 태민아, 학교 잘 갔다 와!" 하고 인사하는 것 같았다.

오늘 하루 새소리와 상쾌한 공기가 내내 마음속에 가득했다. 기분 좋게 하루를 시작한다는 건 참 행복한 일인 것 같다.

일상이 왜 소중한지 스스로 깨닫게 되면, 그 순간이 더 의미 있게 다가와요. 그러니 사소한 일이라도 그때 그 순간이 왜 특별했는지를 생각해 보세요. 무턱대고 기분이 좋다, 싫다가 아니라 그 뒤에 숨은 감정을 차분히 이해해 보는 거예요.

예를 들어 선우와의 대화로 기분이 좋았다면, 이런 식으로 쓸 수 있겠죠.

- 나는 선우의 웃음소리에 위로를 받았다.
: 웃음소리를 듣는 것만으로도 마음이 말랑말랑해졌다.

- 선우와 고민을 함께 나눌 수 있어 좋았다.
: 내 마음을 이해해 주는 사람이 있다는 것만으로도 큰 힘이 되었다.

- 선우가 농담을 했는데 딱 내가 좋아하는 유머였다.
: 그 농담 덕분에 무거웠던 마음이 한결 가벼워졌다.

어때요? 작고 소소한 일도 생각하기 나름이죠. 이렇게 내가 경험한 순간을 새롭게 바라보면 오늘 하루가 더 특별하게 느껴질 거예요!

나의 경험을 쓸 때 주의할 점!

하루 종일 있었던 일을 전부 일기에 쓰지 마세요.
한 가지 주제를 정하고 그 주제에 대해 깊이 있게 쓰는 것이 좋아요.

사건은 되도록 간단하게 요약하고,
그때 나의 생각과 감정을 뚜렷하고 자세하게 적어 보세요!
→ 왜 그런 기분이 들었는지, 그때 어떤 생각이 떠올랐는지.

일기는 용기야. 무조건 나답게

부정적인 감정도 괜찮아

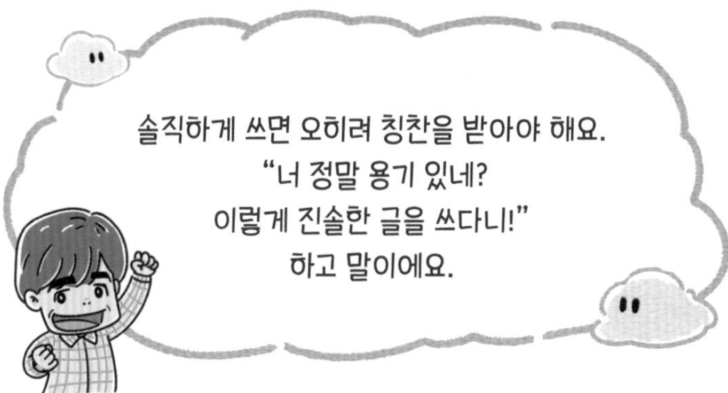

1. 솔직하게 글을 썼다가 혼난 경험이 있다.

2. 글을 보고 남들이 나를 어떻게 생각할지 걱정된다.

여러분 이건 어떤 질문에 대한 대답일까요? 대부분의 학생들이 답한 '일기를 솔직하게 쓰지 못하는 이유'랍니다. 일기는 자기가 겪은 일과 감정을 솔직하게 기록하는 거예요. 하지만 이런 걱정들 때문에 일기를 대충 그럴듯하게 지어내는 경우가 많죠.

오래전 SNS에 일기를 쓴 적이 있어요. 일상 속 소소한 경험을 사람들과 나누고 싶었거든요. 어떤 주제로 일기를 쓸까 고민하다가 지하철 출퇴근길에 있었던 일들을 적었어요. 그런데 이 이야기가 다른 사람들에게는 좀 재미가 없었나 봐요. 별 반응이 없더라고요. '너무 평범하고 일상적인 이야기라서 그런가 보다.'라는 생각이 들었죠. 그래서 선생님은 조금 더 솔직하고 과감하게 일기를 적기 시작했어요.

- 짝짝이 신발을 신고 회사에 출근한 이야기
- 참을 수 없는 똥 이야기
- 아내에게 거짓말을 했다가 들킨 이야기

그러자 비로소 반응이 오더라고요. 관련 글의 조회 수가 확 높아진 거예요. 많은 사람들이 "나도 그런 경험 있어!"라고 공감했고, "다음에 어떻게 됐어?"라며 관심을 보였죠. 그리고 댓글에 본인들이 겪었던 비슷한 사례를 함께 나누기도 했어요.

사람들은 솔직한 이야기에 많은 관심을 보여요. 선생님이 겪은 실수나 당황스러운 순간은 누구에게나 일어날 수 있는 일이잖아요? 이렇게 용기 있는 누군가의 고백에서 사람들은 공감과 위로를 얻을 수 있는 거예요.

우리는 다양한 감정을 느끼고 생각을 하면서 살아요. 꼭 근사해야 하고, 착해야 하고, 즐거워야만 하는 건 아니에요. 때로는 슬프고 화나기도 한 감정들이 자연스러운 법이죠. 그러니 여러분의 일기를 보고 누군가 혼내거나 놀리면 이렇게 말하세요.

"나는 거짓 없이 글을 썼어요. 가장 훌륭한 글은 용기 내서 솔직하게 표현한 글이에요!"

남들에게 보여 주기 위한 글은 가짜예요. 이제부터 내 생각과 감정을 솔직하게 표현해 보세요. 누구에게도 하지 못했던 말, 미워하는 마음이나 좋아하는 마음, 어떤 감정이나 생각이든 다 좋아요. 정말 그래도 되냐고요? 그럼 선생님이 먼저 써 보라고요? 하하하, 알겠어요.

오늘 방송 중에 좋지 않은 일이 있었다. 어떤 분이 내 글을 지적해서 순간적으로 화가 났다. 방송을 무사히 잘 마쳤는데도 내내 기분이 찝찝했다.

집에 돌아오고 나서도 기분이 별로 좋지 않았다. 가족들이 왜 그렇게 우울한지 물어보았지만, 나는 그냥 별일 아니라고 말했다.

사실 그 방청객이 너무 미웠다. '굳이 그런 말을 해야 했을까? 내가 싫어서 내 글까지 싫은 걸까?' 이런 생각마저 들었다. 그러다 나는 한 가지 결론을 내렸다.

모두를 만족시키는 글은 쓸 수 없다. 글쓰기란 나를 보여 주는 일인데, 누군가의 비판에 흔들리면 나를 숨기는 것과 다를 바 없다는 걸 깨달았다.

결코 나만 부정적인 감정을 느끼는 것은 아니랍니다. 여러분도 마음속 말에 조용히 귀를 기울여 보세요. 그리고 진심을 담아 글을 써 보세요.

짜증 났다, 헐, 대박은 금지!

감정을 나타내는 단어

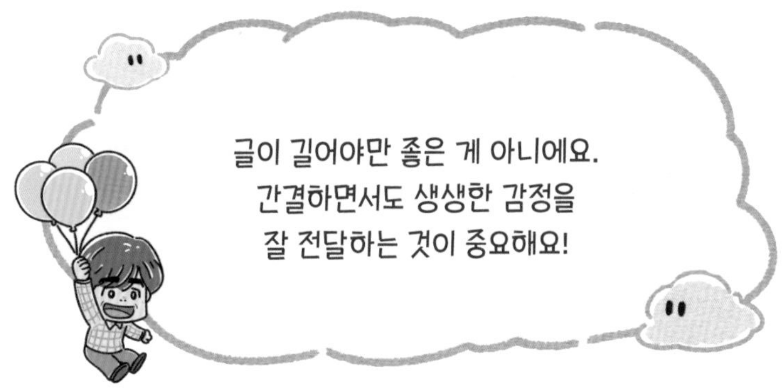

선생님은 사진 찍는 걸 좋아해요. 그래서 멋진 풍경이나 소중한 순간을 종종 사진으로 남기곤 한답니다.

청와대에서 근무하던 때의 일이에요. 정원을 걷다가 노을이 지는 순간을 사진으로 남기고 싶어서 카메라를 꺼냈어요. 불그스름한 노을빛이 꽃과 나무에 스며들어 환상적인 풍경이 만들어졌거든요.

하지만 그때 찍은 사진을 나중에 보니, 따뜻한 노을빛이 제대로 담기지 못했더라고요. 사진의 해상도가 떨어지는 바람에 풍경이 흐릿하게 사라져 버린 거죠. 좀 속상하면서도 아쉬운 마음이 들었답니다.

여러분에게 왜 이 이야기를 꺼냈을까요? 글에도 해상도가 있다는 것을 알려 주고 싶어서예요. 글의 해상도가 높으면 그 순간의 감정이나 상황이 더 생생하게 전달돼요. 하지만 해상도가 낮으면 흐릿하게 찍힌 사진처럼 내용이 잘 와닿지 않아요.

그럼 글의 해상도를 높이는 방법은 뭐냐고요? 바로 단어예요! 다양한 단어를 적절하게 쓴다면 사진처럼 생생한 글을 쓸 수 있답니다. 예를 들어 설명해 볼게요.

저해상도 글:

오늘 축구를 하다가 짜증이 났다.

고해상도 글:

오늘 학교에서 축구하다가 날아오는 공에 얼굴을 맞았다. 짜릿한 통증과 함께 짜증이 밀려왔다. 얼굴에 흐른 땀과 축구공의 먼지가 엉겨 붙어 나를 더 기분 나쁘게 했다.

일기는 자기 감정을 고스란히 나타내는 글이잖아요? 하지만 막상 쓰려고 마음먹어도 생각만큼 잘 안될 때가 있어요. 불편했다, 화가 났다, 언짢았다, 신경질이 났다 등의 말을 뭉뚱그려서 '짜증 났다'는 한마디로 끝내 버리곤 하죠. 늘 쓰던 말만 쓰는 버릇 때문에, 그 순간 필요한 말이 떠오르지 않는 거예요. 그러면 일기를 쓰고도 아쉬운 마음이 들 수 있어요. 우리의 감정은 하나만 있는 게 아니라 여러 가지가 섞여 있거든요.

만약 학교에서 친구랑 다툰 일을 쓴다면 그냥 짜증 났다고 표현하는 것보다 '화가 나고 언짢았다. 그 상황이 너무 답답하고 창피했다.'라고 구체적으로 풀어 쓰는 게 좋아요. 감정이 훨씬 더 생생하게 잘 전해지거든요.

좋은 일이나 신나는 일이 생겼을 때도 마찬가지예요. 행복하다, 가슴이 벅차다, 설렌다, 자랑스럽다, 뿌듯하다, 즐겁다, 신난다, 유쾌하다 등과 같은 말로 감정을 나타내 보는 거예요.

어떤 기분을 표현하고 싶다면 '무엇이', '어떻게', '얼마나', '왜' 그렇게 느껴졌는지 떠올려 보세요. 구체적으로 생각하면 할수록 글의 해상도가 높아진답니다.

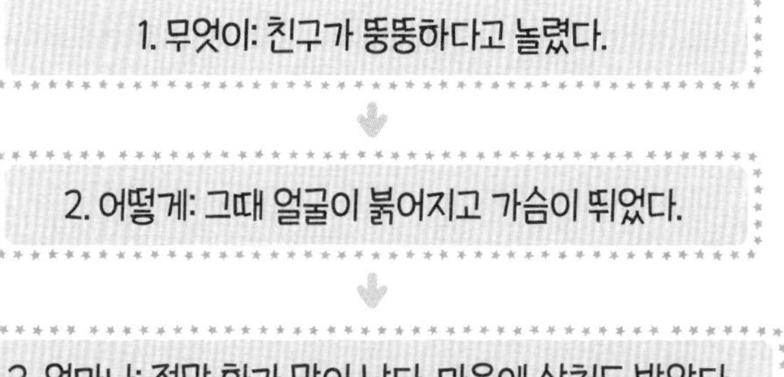

4. 왜: 외모를 가지고 놀리는 것은 잘못된 행동이다. 나를 놀림거리로 만들었다.

알았죠? 말을 할 때도, 글을 쓸 때도 자세히 말하고 쓰는 연습을 해 보세요. 중요한 건 '얼마나 길게 쓰느냐'가 아니라 '얼마만큼 감정을 잘 표현하느냐'랍니다.

스스로 해 보기

☆ 다양한 단어를 사용해서 글을 풍부하게 쓰는 연습을 해 볼까요? 아래의 긍정적인 감정을 떠올릴 때 생각나는 표현들을 적어 보세요.

긍정적인 감정

설레다

예) 가슴이 벅차오른다. / 구름 위를 걷는 듯하다.

행복하다

예) 세상을 다 가진 것 같다. / 하루 종일 웃음이 난다.

기쁘다

예) 하늘을 날 것만 같다.

☆ 이번엔 아래의 부정적인 감정을 떠올릴 때 생각나는 표현들을 적어 보세요.

부정적인 감정

속상하다

예) 마음이 찢어질 듯 아프다.

밉다

예) 눈엣가시 같다.

슬프다

예) 눈물이 주룩주룩 흐른다. / 가슴이 미어진다.

세상에 하나밖에 없는 이야기

내가 주인공인 일기

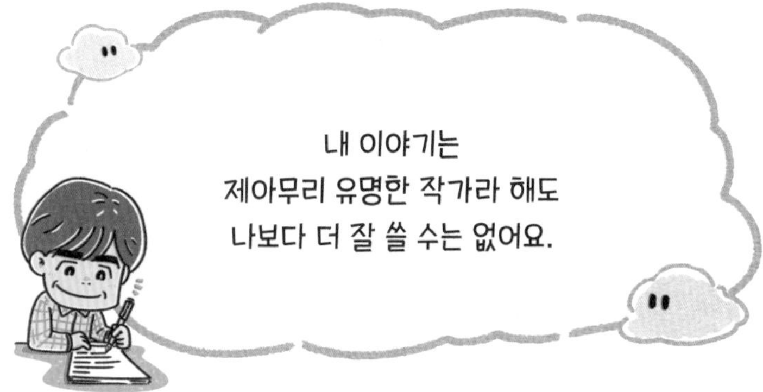

선생님이 초등학교 때 쓴 일기를 보여 줄게요.

학교 가는 길에 갑자기 배가 너무 아팠다. 금방이라도 똥이 나올락 말락 했다. 더는 걸을 수도, 참을 수도 없었다. 나는 가까운 화장실을 찾았다. 그리고는 엉덩이를 조심조심 움직이며 겨우 화장실에 들어가서 곧장 변기에 쭈그려 앉았다.

그런데 잠시 후 느닷없이 화장실 문이 벌컥 열렸다. 문을 연 사람은 어떤 아저씨였는데, 알고 보니 화장실을 관리하는 분이었다. 똥이 너무 급한 나머지 문을 제대로 잠그지 못했다는 걸 깨달았다.

"너 뭐야! 빨리 안 나와?"

나는 아저씨에게 문을 닫아 달라고 부탁했지만, 아저씨는 오히려 양동이를 들고 협박했다.

"당장 안 나오면 네 얼굴에 물을 퍼부을 거야!"

아저씨는 큰 소리로 욕설을 쏟아부었고, 어쩔 수 없이 문을 연 채로 볼일을 봐야 했다.

나는 똥을 누는 내내 한 마리 벌레가 된 것 같았다. 초등학생도 자존심이 있고 창피함을 느낄 줄 안다. 민망한 자세로 욕을 듣고 있자니 정말 부끄럽고 고통스러웠다.

나는 아직도 그 아저씨의 얼굴을 잊을 수가 없다. 아니 평생 잊히지 않을 것 같다. 내가 뭘 잘못한 것도 아닌데, 왜 그렇게까지 무례하게 굴었을까?

어때요? 당시 제가 느꼈을 황당함, 다급함, 부끄러움이 글에 잘 드러나 있지요.

사실 '똥을 눈 이야기'는 누구나 할 수 있답니다. 하지만 그 사건 뒤에 숨은 감정이나 생각은 선생님만의 특별한 경험이에요. 그러니 누구도 선생님과 같은 이야기를 쓸 수 없겠죠.

만약 여러분의 일기를 '선생님'과 '나 자신' 둘이 쓴다고 생각해 보세요. 누가 더 잘 쓸 수 있을까요? 보나 마나 글을 잘 쓰는 선생님일 것 같다고요? 아니에요! 자기 이야기는 자기가 제일 잘 쓸 수 있어요. 내가 경험한 감정은 오직 나만 느낄 수 있는 거니까요.

세상에서 가장 재미있는 글은 남들이 모르는 이야기를 담은 글이라고 해요. 사람들이 흔히 겪는 일이라도 나만의 경험으로 풀어 써 보세요. 그 글은 나의 가장 소중한 보물이 될 거예요. 집에 갈 때 지렁이를 밟을 뻔한 일도 좋아요. '그날, 그 시간, 그 장소에서 나만 겪은 일'이잖아요? 또 '지렁이와 나만 아는 일'이기도 하죠. 그러니 세상에 하나밖에 없는 이야기, 온전한 내 이야기가 되는 거예요.

내 삶의 주인공은 나예요. 매일매일 새로운 모험이나 사건을 겪는다고 상상해 봐요. 그리고 꾸준히 기록으로 남겨 보세요. 그게 바로 일기이자, 나를 주인공으로 하는 유일무이한 이야기가 된답니다.

작은 사건 하나도 특별한 이야기로 만들어 보세요. 사소했던 순간들이 여러분을 주인공으로 만들어 줄 거예요!

나만의 이야기가 될 경험 예시

☆ 교실에서 기침하다가 방귀가 나온 일

☆ 엄마 몰래 게임을 하다가 들킨 일

☆ 길고양이와 눈이 마주친 일

☆ 친구와 산책하다가 넘어진 일

☆ 아침에 일어나기 싫어서 꼼지락거린 일

☆ '내가 주인공이다.'라고 생각하면 일기를 더 생생하게 쓸 수 있어요. 또 하루하루가 더 신나고 즐거워질 수 있답니다.

내가 주인공인 일기 쓰는 법

1. 작은 사건을 중요하게 생각하기

일상의 작은 경험도 주인공의 특별한 모험처럼 생각해 보세요.

2. 감정 표현하기(구체적이고 상세하게!)

주인공의 감정을 어떻게 표현하느냐에 따라 이야기는 완전히 달라질 수 있어요. 이야기에서 주인공의 감정은 갈등의 원인이 되거나 해결의 열쇠가 된답니다.

3. 주변 인물들과의 관계

주변 인물들과의 관계는 주인공의 감정에 큰 영향을 미쳐요. 관계 형성에 따라 주인공의 감정이 어떻게 변화하는지 강조해 보세요.

☆ 하루를 돌아보며 가장 기억에 남았던 순간을 떠올려 보세요. 그리고 나만의 이야기로 표현해 보세요!

오늘은

그때 느낀 감정은

나는 그제야 깨달았다!

☆ 시는 구구단이야

☆ 동시를 더 잘 쓰는 방법

5장

내가 주인공인 노래, 동시

시는 구구단이야

흥얼거리다 보면 내 것이 돼

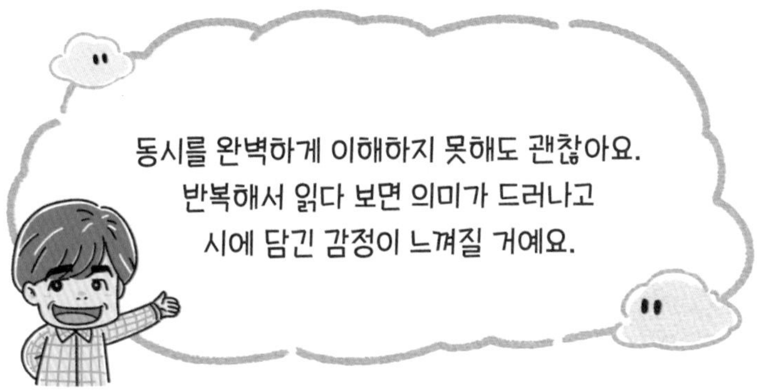

어렸을 때 선생님 집에는 책이 많지 않았어요. 하지만 저는 책 읽기를 아주 좋아했어요. 어머니가 초등학교 선생님이었는데, 그런 저를 위해 종종 학생들이 쓴 문집을 가져다주곤 했답니다. 문집 안에는 시, 기행문, 독후감, 일기 등 다양한 글들이 실려 있었고, 그중에서도 시가 제일 많았지요.

선생님은 문집이 닳아 너덜너덜해질 정도로 읽고 또 읽었어요. 문집을 읽을 때면 시간 가는 줄 몰랐거든요. 특히 시의 세계는 저의 상상력을 자극했어요. 시에 담긴 감정과 표현들이 벅찬 감동을 안겨 주었죠. 선생님은 매일 밤 시를 반복해서 읽었어요. 시를 읽으면서 뒷이야기를 상상하고, 시 속 인물들의 마음을 이해하기도 했지요. 그러다 보니 자연스레 시를 외우게 되었답니다.

그러던 어느 날 글짓기 대회에 나가게 되었어요. 저는 그동안 읽었던 시를 떠올리며 글을 지었답니다. 사실 시의 운율이나 시상 같은 건 전혀 고려하지 않았어요. 그저 문집에서 읽었던 시의 문장을 떠올렸지요. 그때 저는 마치 꼬마 시인이 된 것 같았어요. 그동안 읽었던 시의 문장이 머릿속에서 새롭게 태어났어요. 마음속에 떠오르는 감정도 저만의 색깔로 변해 갔죠.

대회 결과는 어떻게 되었을까요? 짜잔! 대상을 받았답니다. 선생님은 그때 시를 외우는 게 얼마나 중요한지를 깨달았어요. 그 덕분에 마음속에 자리하던 시를 나름의 방식으로 표현할 수 있게 되었거든요.

여러분 구구단을 떠올려 보세요. 구구단은 수학에서 자주 사용되는 곱셈을 미리 외워 두는 거잖아요? 구구단을 잘 외우면 수학 문제를 더 빠르고 정확하게 풀 수 있어요.

시도 구구단처럼 외우고 기억해 보세요. 우리 뇌는 문장을 외우면, 그 문장에 활용된 표현 방법을 기억했다가 나중에 글을 쓸 때 자연스럽게 사용할 수 있도록 한답니다. 예를 들어 볼까요?

1. 나풀나풀 꼬마잠자리가 날아간다.

① 팔랑팔랑 작은 나비가 날아다닌다.

② 살랑살랑 꽃잎이 날아오른다.

2. 봄이 오면 꽃이 핀다.

① 여름이 오면 나무가 풍성해진다.

② 가을이 오면 나뭇잎이 물든다.

③ 겨울이 오면 눈이 쌓인다.

시를 외우는 것은 그저 똑같이 따라 하기 위해서가 아니에요. 시가 담고 있는 표현과 문장 구성 방식을 머릿속에 새기는 거예요. 좋아하는 노래를 반복해 부르면 가사가 머릿속에 남고, 그 의미를 깊이 이해할 수 있게 되잖아요? 시도 소리 내어 외우다 보면 어휘와 문장이 저절로 머릿속에 들어와요.

마음에 드는 시 한 편을 반복해서 외워 보세요. 처음부터 의미를 완벽하게 이해하려고 애쓰지 않아도 괜찮아요. 그렇게 시 한 편을 외우면 나만의 스타일로 변형해 나갈 수 있어요.

그럼 시의 리듬이니 행이니 하는 것들은 어떻게 공부하냐고요? 걱정하지 마세요. 여러 번 읽고 외우면 그것도 곧 익숙해질 거예요! 앞서 설명한 것과 마찬가지로, 같은 문장을 반복해 읽으면 뇌가 자연스럽게 리듬과 행을 인식하게 된답니다.

☆ 시의 문장을 골라 나만의 표현을 만들어 보세요.

1 시의 문장 고르기

구절 예) 나무가 춤을 추면 바람이 불고,
나무가 잠잠하면 바람도 자오.

– 윤동주 〈나무〉

2 반복해서 읽기

읽은 횟수 10 회

선택한 문장을 소리 내어 여러 번 읽어 보세요.

3 느낌 정리하기

느낀 감정 즐거움, 상쾌함, (　　　　), (　　　　)

떠오른 이미지 ① 시원한 바람이 불며 나뭇잎이 속삭이는 소리

② ______________________

4 자신만의 표현 만들기

새로운 문장 비가 내리면 꽃이 웃고,

비가 그치면 ______________________

☆ 또 다른 문장을 골라 나만의 표현을 만들어 보세요.

1 시의 문장 고르기

구절 ______________________

____

마음에 드는
시의 구절을 적어 봐요!

2 반복해서 읽기

읽은 횟수 [ ] 회

여러 번 반복해
읽을수록 좋아요!

3 느낌 정리하기

느낀 감정 ______________________

떠오른 이미지 ① ______________________

② ______________________

4 자신만의 표현 만들기

새로운 문장 ______________________

____

동시를 더 잘 쓰는 방법

되어 보기, 빗대어 보기

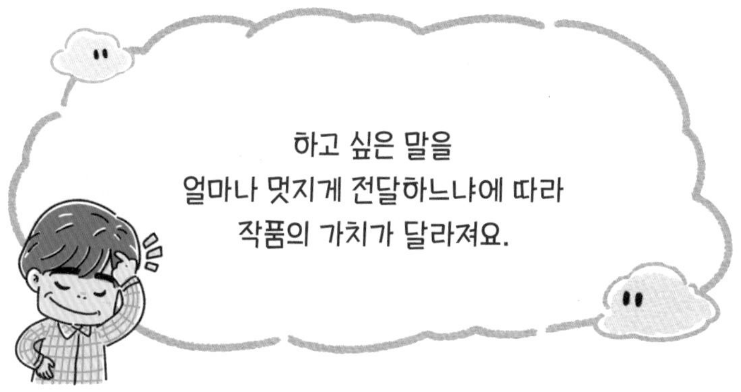

동시는 사람의 마음을 움직이고 상상력을 자극해요. 때로는 음악처럼 가슴을 뛰게 만들고, 때로는 동화처럼 눈앞에 생생한 장면을 펼쳐 내기도 해요.

그렇지만 아직도 동시를 어떻게 써야 할지 모르겠다고요? 딱히 할 말이 떠오르지 않고, 어떻게 시작해야 하나 막막하다고요? 걱정하지 마세요! 이제부터 동시를 쓰는 데 도움이 되는 정보를 알려 줄게요.

1. 다른 무언가가 되어 보기

내가 아닌 다른 무언가가 되었다고 상상해 보세요. 어떤 물건이나 동물, 식물 등 평소에 자주 접하는 것들로 말이에요. 예를 들어 핸드폰, 선풍기, 고양이, 새 등이 되었다고 한다면…….

- 어떤 기분을 느낄까?
- 어떤 생각이 들까?
- 어떤 말을 하고 싶을까?
- 어떤 소리가 들릴까?
- 어떤 풍경이 보일까?
- 어떤 냄새나 맛을 느낄까?

이 질문에 대한 답을 처음에는 단어로, 그다음에는 짧은 문장으로 표현해 보세요.

예) 새가 되어 보기

단어로 표현

어떤 소리가 들릴까? 위잉

어떤 풍경이 보일까? 푸른 하늘, 구름, 꽃, 나무

짧은 문장으로 표현

바람이 위잉위잉.

푸른 하늘에 구름이 둥실둥실.

꽃들은 살랑이고

나무는 흔들려요.

내게 익숙할수록 더 주의 깊게 관찰할 수 있고, 남다른 상상력을 발휘할 수 있어요. 주변을 잘 살펴서 나만의 특별한 동시를 만들어 보세요.

2. 무엇을 무엇에 빗대어 보기

빗대어 보기는 이미 일상생활에서도 자주 사용하고 있답니다. 우리는 흔히 '부모님의 사랑'을 '바다'에, '인생'을 '마라톤'에 빗대기도 하잖아요? 이것을 동시 쓰기에 활용하는 거예요. 일상적인 경험이나 감정을 다른 이미지에 빗대어 나타내는 거죠.

만약 하늘을 주제로 한다면 햇볕, 바람, 구름 같은 것들이 떠오르잖아요? 이 단어들을 다른 것에 빗대어 보는 거죠.

예) 하늘을 주제로 빗대어 보기

1. 햇볕

햇볕은 하늘의 이불이야. 모든 것을 따뜻하게 해 줘.

2. 바람

바람은 하늘의 휘파람이야. 즐겁고 상쾌한 기운을 줘.

3. 구름

구름은 하늘의 솜사탕이야. 뭉게뭉게 피어오르지.

이처럼 빗대어 보기는 주제를 더 생생하고 재미있게 표현할 뿐만 아니라 감정을 효과적으로 전달하기도 한답니다. 다양한 비유를 활용해서 자신만의 독특한 동시를 지어 보세요.

동시 쓰는 방법

1. 주제 생각하기

나, 가족, 동물, 계절, 음식, 우주 같은 단어 중에서 관심 있는 주제 선택하기

예) 가을

2. 상상력 발휘하기

되어 보기 활용 가능

어떤 소리가 들릴까?

어떤 느낌이 들까?

어떤 말이 하고 싶을까? 등등

3. 단어와 문장으로 표현하기

빗대어 보기 활용 가능

① 감정과 이미지를 단어로 적기

예) 바람, 쌀쌀, 나뭇잎, 스치다, 가을 햇살 등등

② 짧은 문장으로 써 보기

예) 가을 햇살은 황금빛 공기 같아요.

차근차근 하다 보면 자신만의 시를 쓸 수 있을 거예요.

☆ 나만의 상상력과 표현으로 동시를 써 보세요.

1. 주제 생각하기

2. 상상력 발휘하기

3. 단어와 문장으로 표현하기

☆ 자기소개는 왜 하는 걸까?

☆ 친구들이 궁금해 하는 것은?

☆ 자기소개서 쓰기

6장

이야기의 주인공, 자기소개

자기소개는 왜 하는 걸까?

친구들의 첫인상

새 학년이 시작되면 자기소개를 해요.
그리고 다음 학년이 되어도 자기소개를 하죠.
우리는 새로운 사람들을 만날 때마다
매번 자기소개를 하게 될 거예요.

여러분은 처음 선생님을 봤을 때 어땠나요? 잘생겼다? 똑똑해 보인다? 성격이 좋을 것 같다?

맞아요! 아주 잘 봤어요! 하하하. 첫인상은 누군가를 처음 만났을 때 갖는 느낌이에요. 첫인상이 좋으면 그 사람에 대한 관심이 커질 수 있답니다.

여러분이 지금까지 이 책을 읽고 있는 것도 어쩌면 첫인상

덕분인지도 몰라요. 책의 표지 디자인, 선생님에 대한 소개, 차례 등이 호기심을 갖게 한 거죠. 좋은 첫인상은 상대방에 대한 흥미를 불러일으키고 더 많은 걸 알고 싶다는 마음을 가지게 하거든요.

자기소개도 마찬가지예요. 자기소개는 친구들에게 나를 처음으로 알리는 순간이에요. 이때 나를 어떻게 표현하느냐에 따라 친구들의 반응이 달라질 수 있어요. 잘 준비된 자기소개는 좋은 인상을 심어 주고, 친해지고 싶다는 마음을 불러일으키지요. 그런데 왜 자기소개 시간만 되면 다들 쭈뼛쭈뼛하며 눈치를 보는 걸까요? 선생님이 그 이유를 말해 볼까요?

첫째, 딱히 할 말이 없다. 처음 보는 친구들에게 무슨 말을 꺼내야 할지 몰라서겠죠.

둘째, 반복되는 말이 지루하게 들릴까 봐 걱정된다. 앞서 소개를 마친 사람의 말을 거의 똑같이 따라 하는 느낌이 들어서일 거예요. 실제로 자기소개 하는 걸 녹음해 들어 보면 모두 비슷비슷한 얘기를 하거든요.

셋째, 비웃음을 살까 봐 긴장된다. 자기소개를 하면서 '실수라도 하면 어쩌나', '누가 나를 평가하는 건 아닌가' 하는 생각이 들어서죠.

네? 선생님의 말이 다 맞는 것 같다고요? 그래서 '대체 자기소개는 왜 하는 걸까?'라는 생각이 든다고요?

자기소개는 새로운 친구들과 잘 지내기 위한 첫걸음이에요. 같은 반이 되었다고, 옆자리에 앉았다고, 집에 가는 방향이 비슷하다고 해서 바로 친구가 되지는 않아요. 서로에 대해 관심이 생겨야 해요. 나와 비슷한 점이 있는지, 어떤 점이 다른지, 이야기가 잘 통할 것 같은지 등을 자기소개를 통해 파악할 수 있어요. 그리고 이 과정에서 서로의 공통점을 찾거나 차이점을 이해하는 거예요.

"나도 축구를 좋아하는데, 넌 어떤 팀을 응원해?"

"넌 수학을 잘하는구나. 난 수학 문제만 봐도 머리가 아픈데……."

"네가 말한 영화 정말 재미있었어. 나도 그거 봤거든."

이런 대화를 통해서 친구를 깊게 이해하고, 단숨에 친해질 기회가 생겨요. 서로에 대해 알고 대화하면 재미있는 이야기를 더 많이 꺼낼 수 있으니까요. 그러니 몇 학년, 몇 반, 이름만 말하고 자기소개를 얼른 끝내려고 하지 마세요. 조금 더 개인적인 이야기나 흥미로운 이야기를 꺼내 보는 건 어떨까요.

친구들이 나에 대해 궁금해 할 점은 무엇일까?

예) 좋아하는 취미, 나의 성격, 요즘 내 관심사

친구들에게 알려 주고 싶은 것은 무엇일까?

예) 나의 특징, 내가 싫어하는 것, 내가 잘하는 것

그럼 '딱히 할 말이 없네.', '반복되는 말이 지루하게 들리겠지?'라는 걱정은 하지 않아도 되겠죠? 조금만 더 마음의 문을 열고, 여러분의 이야기를 들려주세요.

친구들이 궁금해 하는 것은?

진짜 나를 보여 주기

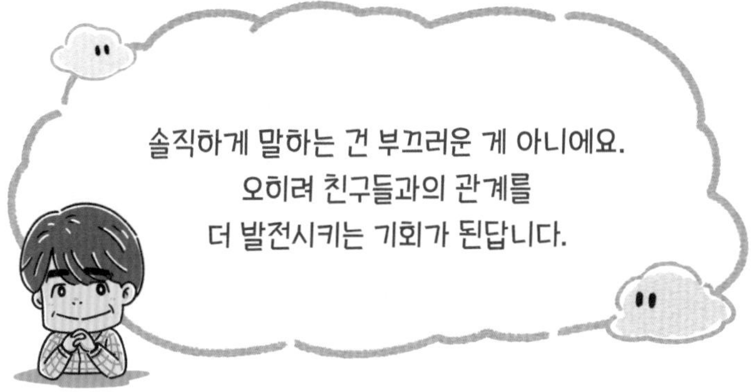

선생님의 취미는 사진 찍기예요. 특히 풍경 사진 찍는 걸 좋아하죠. 워낙 사진을 많이 찍다 보니 실력도 늘었어요. 그래서 요즘에는 "와! 정말 잘 찍었네.", "이건 어떻게 찍었어?"라는 말을 자주 듣곤 해요. 그럼 선생님은 "나만의 비법이 있지."라고 대답하죠.

그 비법이 뭘까요? 네? 해상도라고요? 하하하. 그 말도 맞지만 사진에 그늘이 적당히 나오게 하는 거예요! 꽃을 찍을 때, 그늘이 살짝 담기면 훨씬 더 실감 나게 보이거든요. 정말 사진 속 꽃이 살아 움직이는 것 같답니다.

이와 비슷한 자기소개 비법이 하나 있어요. 나를 더 특별하게 표현하는 방법인데요. 내가 좋아하는 것, 잘하는 것뿐만 아니라 내가 싫어하는 것, 잘 못하는 것도 드러내야 한다는 거예요. 사진에 그늘이 같이 나와야 더 실감 나게 보이는 것처럼 말이죠. 말하고 싶지 않은 부분을 빼 버리면 그건 진짜 내 모습이 아니에요. 부끄러워서, 비웃음을 받는 게 두려워서 자신을 감춰 버리면 진짜 나를 보여 줄 기회를 놓치게 돼요. 여러분도 알다시피 누군가에게 잘 보이려고 애쓰면 친구들의 마음을 열지 못하고 공감도 얻을 수가 없어요.

앞서 말했듯 '친구들이 나에 대해 궁금해 할 점은 무엇일까?', '내가 친구들에게 알려 주고 싶은 것은 무엇일까?'에 초점을 맞춰 솔직하게 자기소개를 준비해 보세요.

만약 좋아하는 것들은 잘만 말하면서 매운 음식을 싫어한다는 사실을 숨기면, 떡볶이를 먹으러 갈 때마다 난감해질 수 있어요. 매운 떡볶이를 억지로 먹다가 속이 불편해지고, 차차 함께 어울려 다니는 게 부담스러워지겠죠.

또 용돈이 넉넉하지 않은 걸 숨겼다고 해 보세요. 친구들이 놀이공원에 가자고 했을 때, "응, 갈 수 있어."라고 말하면 친구들은 여러분의 사정도 모른 채 무리한 계획을 세울 거예요. 결국 용돈이 부족해져서 곤란한 상황이 닥칠 수도 있고요. 하지만 솔직하게 "용돈이 부족해서 어렵겠어."라고 말하면 친구들은 상황에 맞게 계획을 변경할 수 있어요. 집 앞 놀이터에서 놀거나 다 같이 모여 보드게임을 하는 걸로요.

괜히 말했다가 친구들이 싫어하거나 무시할까 봐 걱정이라고요? 서로를 이해하고 배려하는 관계가 진정한 친구예요. 서둘러 친구를 만들기보다는 먼저 솔직하게 자신을 드러내 보세요. 물론 모든 이야기를 늘어놓을 필요는 없답니다. 너무 창피한 이야기는 하지 않아도 돼요. 나를 있는 그대로 나타내는 게 부끄러운 일이 아니라는 것만 기억하세요.

중학교 청소 시간에 겪은 일이에요. 그 당시 반장이었던 저는 청소를 지도하는 역할을 맡았어요. 그런데 반 친구 중 한 명이 책상에 앉아 공부하는 거예요.

'청소는 미루고 혼자 공부를 하다니. 이기적이야!'

저는 교무실에 계신 선생님을 찾아가 그 친구의 잘못을 말했답니다. 하지만 선생님은 기대와 달리 이렇게 답했죠.

"걔라도 공부하게 내버려둬. 전교 1등 하면 얼마나 좋겠니?"

저는 청소가 끝난 후에도 그 아이의 행동과 선생님의 말이 이해되지 않았어요. 그래서 친한 친구에게 그 이야기를 했답니다. 작은 공감이라도 받길 바라는 마음이었죠. 그런데 돌아오는 대답이 뭐였는지 아세요?

"내 생각엔 그걸 고자질한 너도 이기적이야."

그때 저는 깨달았어요. 내가 나를 잘 모를 수도 있다는 것을요. '진짜 나'를 모르겠다면 친한 사람들에게 물어보는 것도 좋은 방법이에요. '나는 어떤 사람이라고 생각해? 솔직히 말해 줬으면 좋겠어.'라고 말이죠. 그럼 내가 생각하지 못한 모습이나 애써 외면했던 모습을 알 수 있답니다.

Q 스스로 해 보기

☆ '나에 대해 꼭 알아야 할 내용이 무엇일까?', '친구들이 무엇을 알고 싶을까?' 등을 생각하면서 자기소개서를 작성해 보세요.

1. 기본 정보

이름: ____________________

학년/반: ____________________

사는 곳: ____________________

2. 나의 취미와 관심사

좋아하는 취미: 예) 책 읽기

____

가장 즐겨 하는 활동: 예) 축구하기

____

관심 있는 분야: 예) 우주

____

3. 특별한 경험이나 추억

최근에 재미있었던 일: 예) 가족들과 함께 별을 보러 간 일

가장 기억에 남는 경험: 예) 친구들과 축구하다가 2번 연속 골을 넣었던 일

4. 싫어하는 것

내가 싫어하는 것: 예) 사람들 앞에서 발표하기

이유: 예) 발표할 때 긴장을 많이 해서

친구들에게 바라는 점: 예) 내가 발표할 때 응원해 주기

자기소개서 쓰기

나만 할 수 있는 이야기

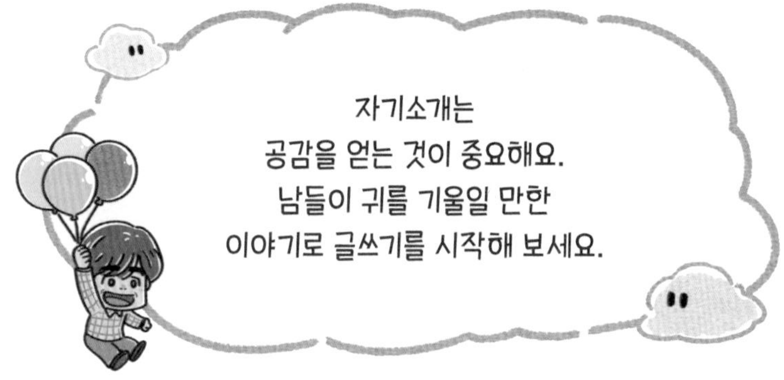

막상 자기소개서를 쓰려니 쉽지 않은 것 같다고요? 맞아요. 더 정확하게는 내 이야기를 꺼내는 게 쉽지 않은 거예요.

그럼 이렇게 생각해 보면 어떨까요? 친구 사이에 한 사람이 먼저 비밀을 터놓으면 다른 친구도 마음을 열기 쉽잖아요? 자기소개도 이와 비슷해요. 내가 먼저 터놓아야 남도 나에게 마음을 열어요. 그러니 용기를 가지고 나만의 이야기를 시작하는 거예요. 선생님이 먼저 용기 내 글을 써 볼까요?

선생님이 아홉 살 되던 해 어머니가 돌아가셨어요. 그 후로 친척 집에 얹혀살면서 눈치를 보는 일이 일상이 되었죠. 마음 한구석에 미움을 받으면 쫓겨날 수도 있다는 두려움이 있었어요.

그래서 늘 어른들의 말을 잘 듣고, 그 말에 숨은 뜻이 무엇인지, 어떻게 행동할지 계산하면서 살았어요. 오랜 시간이 흘러 선생님은 남들의 생각을 일찍 알아차리고, 분위기도 제법 잘 맞추는 어른이 되었답니다.

그런데 말이에요. 선생님의 이런 능력이 직업을 선택하는 데에도 많은 영향을 주었답니다. 바로 우리나라 기업의 회장과 대통령의 글을 대신 써 주는 일을 맡게 된 거예요. 상대방이 무슨 말을 하고 싶은지 이해한 후, 그에 맞는 메시지를 전달하는 일이죠. 처음에는 조금 어려웠지만 오랫동안 글을 쓰다 보니 실력이 엄청나게 늘었어요.

현재는 그 능력을 살려 글쓰기 작가로 활동하고 있답니다. 덕분에 많은 사람에게 글쓰기 강의를 하고, 베스트셀러도 여러 권 출간할 수 있었어요.

어때요? 어린 시절의 경험을 솔직하게 드러내면서 그 덕분에 지금은 어떤 특기를 갖게 되었지를 이야기했어요. 여러분도 인상 깊었던 경험이나 특별한 순간을 이야기하면서, 그것이 나에게 어떤 영향을 주었는지를 말해 보면 좋겠어요. 그럼 자연스럽게 좋아하는 일, 잘하는 일, 싫어하는 일 등으로 연결된답니다.

예를 들면 '어머니와 함께 책을 읽던 기억 때문에 글쓰기를 좋아하게 되었다.', '글쓰기를 더 잘하고 싶어서 매일 연습하고 있다.', '글쓰기는 나아지고 있는데 발표는 아직도 어렵다.' 같은 식이면 좋겠지요? 이렇게 진심을 보이면 친구들은 나를 더 응원하고 지지해 줄 거예요. 그 과정에서 친구들과 가까워지고 함께 성장할 기회를 얻을 수 있어요.

그런데 말이죠. 혹시 선생님이 알려 준 자기소개 비법이 너무 어색하고 민망하다고 느껴지나요? 네, 그럴 수도 있어요. 하지만 그건 해 보지 않아서일 거예요. 자기소개는 서로를 더 알아가는 소중한 시간이에요. 내가 먼저 자신 있게 말하면 친구들도 조금씩 용기를 내서 말할 거예요. 사람들은 멋진 모습을 보면 '나도 따라 해야지.' 하는 마음이 들잖아요? 그러니 내가 먼저 좋은 예를 보이세요. 서로의 이야기를 듣고 나면 우정이 깊어지고 함께하는 시간도 즐거워진답니다.

자기소개를 더욱 특별하게 만드는 방법 하나를 알려 줄게요. 그건 바로 '나의 꿈'을 덧붙이는 거예요. 이번에도 선생님이 먼저 해 볼게요.

> 제 꿈은 살면서 책 10권을 쓰고, 총 100만 부 판매를 달성하기입니다. 지금 쓰고 있는 이 책이 꿈을 이루는 데 아주 중요한 역할을 할 것이라고 생각합니다. 앞으로도 저의 꿈을 응원하고 격려해 주세요!

어때요? 어린 시절의 경험과 현재의 특기를 이야기한 후, 미래의 꿈까지 연결해 보았어요. 이렇듯 과거와 현재, 미래를 아우르는 자기소개는 큰 감동을 줄 수 있답니다. 자, 여러분도 이제 자기소개를 해 볼까요?

☆ 자기소개는 자신을 꾸밈없이 드러내는 것에서부터 시작해요. 여러분의 특별한 경험, 지금 잘하는 일, 내가 꿈꾸는 미래에 대해 이야기해 보세요.

1. 나의 특별한 경험 (개인적인 이야기)

예) 부모님이 맞벌이라 혼자 지내는 시간이 많았어요. 그래서 스스로 일을 해결하는 습관이 들었죠.

2. 내가 좋아하는 일

예) 저는 책을 읽으면서 외로움을 달랬어요.

3. 내가 잘하는 일

예) 게임을 하면서 시간을 보내기도 했어요. 처음에는 간단한 퍼즐 게임부터 시작했지만 지금은 더 다양한 게임들을 할 수 있어요.

4. 내가 잘 못하는 일

예) 혼자 있는 시간이 익숙해져서 친구들과 대화할 때면 저도 모르게 긴장돼요.

5. 내가 싫어하는 일

예) 계획을 세우는 일이에요. 게임에 집중하면 다른 중요한 일들을 미루는 경우가 있거든요.

6. 나의 꿈

예) 제 꿈은 제가 좋아하는 판타지 소설을 게임으로 만드는 거예요.

글쓰기 대통령

강원국의 초등학생 글쓰기

❶ 글쓰기 어렵지 않아요

글 강원국 · 서예나
그림 문인호

1판 1쇄 인쇄 2024년 12월 10일
1판 1쇄 발행 2024년 12월 18일

펴낸이 김현종
출판본부장 배소라
책임편집 빅포레스팅 **디자인** design S
마케팅 안형태 김예리 **경영지원** 문상철

펴낸곳 (주)메디치미디어
출판등록 2008년 8월 20일 제300-2008-76호
주소 서울특별시 중구 중림로7길 4, 1층
전화 02-735-3308 **팩스** 02-735-3309
이메일 medici@medicimedia.co.kr **홈페이지** medicimedia.co.kr
페이스북 medicimedia **인스타그램** medicimedia

ISBN 979-11-5706-383-3 (74700)
ISBN 979-11-5706-382-6 (74700) (세트)

* 메디치주니어는 ㈜메디치미디어의 어린이 전문 브랜드입니다.